走进大学
DISCOVER UNIVERSITY

什么是社会学？

WHAT IS SOCIOLOGY?

陈劲松　仲婧然　陈含章　著

大连理工大学出版社
Dalian University of Technology Press

图书在版编目(CIP)数据

什么是社会学？/ 陈劲松，仲婧然，陈含章著. -- 大连：大连理工大学出版社，2021.9
 ISBN 978-7-5685-3004-0

Ⅰ.①什… Ⅱ.①陈… ②仲… ③陈… Ⅲ.①社会学—通俗读物 Ⅳ.①C91-49

中国版本图书馆 CIP 数据核字(2021)第 074585 号

什么是社会学？ SHENME SHI SHEHUIXUE?

出 版 人：苏克治
责任编辑：王华圣　宋晓红
责任校对：陈剑威　邱译萱
封面设计：奇景创意

出版发行：大连理工大学出版社
　　　　　（地址：大连市软件园路 80 号，邮编：116023）
电　　话：0411-84708842（发行）
　　　　　0411-84708943（邮购）　0411-84701466（传真）
邮　　箱：dutp@dutp.cn
网　　址：http://dutp.dlut.edu.cn

印　　刷：辽宁新华印务有限公司
幅面尺寸：139 mm×210 mm
印　　张：5
字　　数：80 千字
版　　次：2021 年 9 月第 1 版
印　　次：2021 年 9 月第 1 次印刷
书　　号：ISBN 978-7-5685-3004-0
定　　价：39.80 元

本书如有印装质量问题，请与我社发行部联系更换。

出版者序

高考,一年一季,如期而至,举国关注,牵动万家!这里面有莘莘学子的努力拼搏,万千父母的望子成龙,授业恩师的佳音静候。怎么报考,如何选择大学和专业?如愿,学爱结合;或者,带着疑惑,步入大学继续寻找答案。

大学由不同的学科聚合组成,并根据各个学科研究方向的差异,汇聚不同专业的学界英才,具有教书育人、科学研究、服务社会、文化传承等职能。当然,这项探索科学、挑战未知、启迪智慧的事业也期盼无数青年人的加入,吸引着社会各界的关注。

在我国,高中毕业生大都通过高考、双向选择,进入大学的不同专业学习,在校园里开阔眼界,增长知识,提

升能力，升华境界。而如何更好地了解大学，认识专业，明晰人生选择，是一个很现实的问题。

为此，我们在社会各界的大力支持下，延请一批由院士领衔、在知名大学工作多年的老师，与我们共同策划、组织编写了"走进大学"丛书。这些老师以科学的角度、专业的眼光、深入浅出的语言，系统化、全景式地阐释和解读了不同学科的学术内涵、专业特点，以及将来的发展方向和社会需求。希望能够以此帮助准备进入大学的同学，让他们满怀信心地再次起航，踏上新的、更高一级的求学之路。同时也为一向关心大学学科建设、关心高教事业发展的读者朋友搭建一个全面涉猎、深入了解的平台。

我们把"走进大学"丛书推荐给大家。

一是即将走进大学，但在专业选择上尚存困惑的高中生朋友。如何选择大学和专业从来都是热门话题，市场上、网络上的各种论述和信息，有些碎片化，有些鸡汤式，难免流于片面，甚至带有功利色彩，真正专业的介绍文字尚不多见。本丛书的作者来自高校一线，他们给出的专业画像具有权威性，可以更好地为大家服务。

二是已经进入大学学习,但对专业尚未形成系统认知的同学。大学的学习是从基础课开始,逐步转入专业基础课和专业课的。在此过程中,同学对所学专业将逐步加深认识,也可能会伴有一些疑惑甚至苦恼。目前很多大学开设了相关专业的导论课,一般需要一个学期完成,再加上面临的学业规划,例如考研、转专业、辅修某个专业等,都需要对相关专业既有宏观了解又有微观检视。本丛书便于系统地识读专业,有助于针对性更强地规划学习目标。

三是关心大学学科建设、专业发展的读者。他们也许是大学生朋友的亲朋好友,也许是由于某种原因错过心仪大学或者喜爱专业的中老年人。本丛书文风简朴,语言通俗,必将是大家系统了解大学各专业的一个好的选择。

坚持正确的出版导向,多出好的作品,尊重、引导和帮助读者是出版者义不容辞的责任。大连理工大学出版社在做好相关出版服务的基础上,努力拉近高校学者与读者间的距离,尤其在服务一流大学建设的征程中,我们深刻地认识到,大学出版社一定要组织优秀的作者队伍,用心打造培根铸魂、启智增慧的精品出版物,倾尽心力,

服务青年学子，服务社会。

"走进大学"丛书是一次大胆的尝试，也是一个有意义的起点。我们将不断努力，砥砺前行，为美好的明天真挚地付出。希望得到读者朋友的理解和支持。

谢谢大家！

2021 年春于大连

又到了一个播种的季节

《什么是社会学？》快要付梓成书了，但它还缺最后的"成人仪式"即冠礼，一次自我意义的确认。看着书名，我不禁产生疑问，"什么"的意思是什么呢？依照儿童智力发展的进程来说，一般先是婴儿一个人的、孤独的牙牙呢喃，然后是年轻的母亲拉着他稚嫩的小手指着某个东西教他说一些话，比如，指着地上乱跑的阿猫、阿狗说"这是阿猫""这是阿狗"。然后，当他遇到一种没有见过的、叫不上名的东西时，就会问妈妈："这是什么？"实际上，这时儿童的智力已经成熟到可以给一个东西或物件进行命名了，自此他也就记住并能用这个名称来称呼这个东西或物件。

随着生命经历的日趋丰富,他便把一切与这个名称相关的东西都堆积在心底。一天,他生出怀疑、批判的精神来,忽然就着那个心中早已有的名称,发出惊人的一问:"(到底)什么是阿狗?"再比如,儿童已经大略知道了"人""狗"的叫法或称呼,能够分辨"这是人""那是狗"。突然,他脑海中冒出一个小小的疑问:"什么是人?"这一问,听起来简单,实际上这可是"不得了的大事"。因为,一切文明的"定向",不外都是由此类问题而产生的。它是理性之问,也是文明之问。

今天,我们提出一个问题:什么是社会学?大概的意义也是如此。

它是一个小问题。说它是个小问题,因为自从奥古斯特·孔德提出社会学这个概念后,社会学就在社会科学的"园地"那儿了(孔德还把社会学称为"社会物理学")。后来,许多有所成就的社会学家,分别定义了自己眼中的社会学。然后,又发展出不同门类的、具体的应用社会学分支来,例如人类学、社会心理学、环境社会学、人口社会学、家庭社会学、组织社会学、城市社会学、乡村社会学、医学社会学、灵性社会学,等等。

它又是一个大问题。虽然有学者把"人"称为"裸猿",但是当一个"没有羽毛、两足站立的动物"(柏拉图给人下的定义)赫然站在我们面前时,我们都可以简单将其称为"人",不论他是黑人还是白人。但是,如果要我们回答"什么是人?"这个问题,却要复杂得多。同样,"什么是社会学?"也是一个复杂的大问题,因为它要研究的对象,即社会及社会中的人,是深刻而复杂的。那些以社会学研究为职业,或者以社会学研究为兴趣的人,终其一生,都在回答这样一个问题。由于他们看待社会和人的基本观点的差异,近乎二百年的社会学研究陷于实证主义和人文主义之争。实证主义倾向于社会的整体性、有机性和客观性,强调运用自然科学的方法来研究社会现象和社会行动。人文主义则倾向于个体的意义性、价值性和主观性,强调社会学研究中人的主体性。前者诸如结构功能主义、交换理论、结构主义等,后者诸如现象学社会学、常人方法学、符号互动论和社会建构主义等。歌德说:"理论总是灰色的,生命之树却常青。"理论启发了我们的想象力,促进了生命的丰富性、多样性。

曾国藩写过一副对联:"长将静趣观天地,自有幽怀契古今。"只要我们对世界万事万物保有一颗社会学的观察和体验之心,就会有深刻的思考与探究,就会心有所

得，就会与古今思想大家的心灵相契合。帕克·帕尔默在《教学勇气》一书中所写的，在自然界中，人们知道农民播下种子后，一般会确定它何时开花结果，并为收获做好准备或庆典。但是在真实的教育中，"播种"却不是那样，因为在真实的教育中，无从确知播下的种子会在何时何地如何开花结果。

又是一个草长莺飞的季节。陌上的花儿开了又谢、谢了又开，窗外频频传来布谷鸟欢快而急促的鸣叫声，又到了一个播种的季节。那就让我们怀揣开放之心，去播下社会学精神的种子吧。

是为序。

张建明

中国人民大学党委原常务副书记

社会学教授

2021年4月于中国人民大学国学馆

目 录

人·栖居在社会之网上 / 1
人可以诗意地栖居吗？/ 1
有多少角色伴你而行？/ 5
社会发展有规律可循吗？/ 8

不拿青春赌明天 / 12
人之初·性若何？/ 13
成长中的需求与满足 / 16
    没有生命可以重来 / 16
    欲望、潜能实现与延迟性满足 / 17
社会化与人格发展 / 21
    生命成长中的社会化 / 21

人生是否可以抗拒社会化？/ 23

人格发展理论小侦探 / 24

焉用青春"赌"明天？/ 31

人何以能群分？/ 37

镜子与群体 / 38

符号与互动 / 40

社会像张"网" / 42

组织化行动 / 46

在线时代的教育 / 49

作为社会制度的学校教育 / 50

学校教育的功用 / 51

学习机会均等 / 53

多一点乐趣 / 56

没有围墙的在线教育 / 60

谈性说爱话家庭 / 64

性、爱与婚姻 / 64

变化中的家庭 / 67

婚姻与家庭的未来 / 71

社会的流动性 / 73

　　财富、权力与声望 / 73
　　泰坦尼克号中的社会分层 / 76
　　阶层固化会阻碍社会发展 / 79
　　个人失业与社会失业率 / 81
　　可享受无穷之福利乎？/ 84

探索中国特色的社区建设 / 89

　　从社会人到社区人 / 90
　　小小社区功能多多 / 93
　　营造美好生活的社区社会工作 / 98
　　探索中国特色社区建设 / 100

无处不在的社会学研究 / 103

　　我们的社会越来越老了吗？/ 103
　　绿水青山枉自多？/ 107
　　你的健康谁买单？/ 110
　　有一种色彩叫"网红" / 115

社会学的趣味与职业选择 / 119

　　社会学是一门严肃的学科吗？/ 120
　　社会学会告诉我们什么？/ 123

社会学的想象力如何？/ 130
　　功能主义 / 131
　　冲突论 / 132
　　符号互动论 / 132
社会学的学科黏合度如何？/ 134
社会学的趣味与就业如何？/ 135

参考文献 / 141

"走进大学"丛书拟出版书目 / 143

人，栖居在社会之网上

> 劬劳功烈，然而诗意地，
> 人栖居在大地上。
>
> ——荷尔德林

社会学，是一门研究社会秩序何以可能的学问。我们之中大部分人也许对德国诗人荷尔德林不甚了解，对他的诗《在柔媚的湛蓝中》也没有那么熟悉，但是我们之中却有不少人可能对这首诗中的一句记忆深刻，甚至刻骨铭心，这句诗后经德国哲学家海德格尔阐发为："人，诗意地栖居在大地之上。"人，栖居在大地之上。是的，没有错。但是，人，同时也栖居在社会秩序之中。

▶ 人可以诗意地栖居吗？

"人，诗意地栖居在大地之上。"当人的心灵面对冷漠

的现实而无可奈何时,就会被诗人轻易地撩拨起来。"诗意地栖居"似乎成为几乎所有人的共同向往。

何谓"诗意"?从表面看,诗意往往和春花秋月、夏风冬雪等意象关联。人诗意地栖居在大地之上,就在于他能读懂、体味自然的真。宗白华先生告诉我们:"……在细雨下,点碎落花声。在微风里,飘来流水音。在蓝空天末,摇摇欲坠的孤星。"从本质上看,诗意则是人心的一种灵动,是一种没有拘束的自由和奔放。诗意的反义词是机械、无生气。思想家王夫之说:"数米计薪,日以挫其志气,仰视天而不知其高,俯视地而不知其厚,虽觉如梦,虽视如盲,虽勤动其四体而心不灵。"王夫之先生所描述的这类人就是因生命的机械化而缺乏"诗意",他们往往迷于名利,与世沉浮。有"诗意",无论生活多么拥挤,心灵也有一片自由的天地。据说年轻时的林语堂带着妻子颠沛流离于各国之间,即使穷得买不起一张电影票,也会去图书馆借回一堆书,两人相守夜读于一盏灯下,诗意便也在此乐趣之中。用林语堂自己的话来说,只要"宅中有园,园中有屋,屋中有院,院中有树,树上见天,天中有月",生活就"不亦快哉!"。

荷尔德林这句诗还有一个"前缀",完整的诗句是"劬劳功烈,然而诗意地,人栖居在大地上"。这句诗可以理解为"人充满劳绩,但还诗意地栖居在这片大地上"。作为人,是不能不艰辛地劳作在大地上的,甚至可能会仰天倾诉:"我就欲如此这般?!但是良善、纯真尚与心灵同在。"在诗人那里,"劬劳功烈"与"诗意"并存,关键是"诗意"之中还内含着对生命中艰辛的承认,甚至是可能有的感恩与悦纳。

能够诗意地栖居,是一件美好的事情。怎样才能做到真正的诗意地栖居呢?人生于天地之间,不外乎要和自然、他人以及自己真实的内心打交道,只有处理好人与自然之间的关系,人与他人之间的关系,人的欲望或外在需求与自己内心之间的关系,人才能够真正诗意地栖居在大地上。我们可以诗意地徜徉在花前月下,可以诗意地流连于名画之美,可以诗意地体味人情之暖,可以在"劬劳功烈"时诗意地栖居在大地上……否则,糊里糊涂地说自己诗意地栖居着,岂不贻笑大方吗?

"诗意地栖居"这几个字,十分诱人,因为它能给人以宽慰和向往。人,栖居在大地上。人,也栖居在社会秩序之网上。卢梭说:"人是生而自由的,但却无往不在枷锁之中。"这似乎对人的自由有些悲观。对于人来说,虽然社会秩序并不一定如枷锁一般,但是,人并不是独自生活在孤岛之上的,人必然受到各种关系和社会规则的制约。

人,栖居在社会之中。

人所栖居的社会,又是不断变迁并向前发展的。以生产关系的不同性质为标准,卡尔·马克思概括出五种社会的基本形态,即原始社会、奴隶社会、封建社会、资本主义社会与共产主义社会。美国社会学家伦斯基结合科技、信息交流和经济等几个方面把社会分为捕猎社会、低级农业社会、高级农业社会与工业社会。还有一些社会学家与人类学家从不同的角度(如文化角度、社会组织形式角度等)对社会的形态类型进行了划分。

人类社会创造了语言、文字、符号等交往的工具,为人类交往提供了必要的手段。从社会学角度来看,交往是人类社会活动中的客观现象,是人们在生产实践和生活实践中发生直接联系的过程和行为,是个人与个人、个人与团体或团体与团体之间的相互作用、交互影响的方式或过程,是人际关系的具体表现形式。在交往中每个人都是主体,都是彼此间相互关系的创造者。"人在环境中",人与人的交往,是在社会环境中进行的,社会环境对人们的社会活动产生重要的影响。个体的发展或者说个体的栖居,受到其生存环境中诸多因素的影响,心理因素与环境因素通常处于交互作用的状态。从某种程度上说,社会交往就是生活,生活的世界就是我们生存的依托，就是我们赖以栖居之地。

社会将无数单个的个体组织起来，形成一股合力，整个系统中有矛盾与冲突，也有和谐与平衡，社会通过它的整合功能对系统内的各个要素进行调节，维持着社会正常的运行。社会还有一整套行为规范，用以维持正常的社会秩序，调整个体之间的关系，规定和指导个体的思想与行为的方向。虽然人类在一代代更替，但人类社会却是长存的。人类社会所孕育出的物质文化与精神文化，通过社会的发展得以积累和进步。

可见，无论此刻人栖居在何地，都逃不出社会之掌心，都处于不断社会化的过程之中。"劬劳功烈，然而诗意地，人栖居在大地上。"人，也可以诗意地，栖居于社会之中。

▶ 有多少角色伴你而行？

每个人在栖居的社会秩序里，扮演着自身的角色，家庭中的角色是父母或子女，学校中的角色是老师或学生，工作中的角色是领导或职员。社会学，把一个人同时承担的各种角色集合称为角色丛。角色或角色丛决定着我们承担的责任，标志着我们在社会中所处的位置。这种

在某一群体或社会中所处的社会位置就是每个人的社会角色。

从出生到死亡,人都在自觉或不自觉地扮演着不同的社会角色。列举出一个人从生到死所有的身份角色,似乎太多,于是社会学把它们划分为两种主要的身份类型,即先赋地位与自致地位。先赋地位是指某人所拥有的被制定的并且通常不能被改变的身份地位,如种族、民族、性别等,它一般以人的出生为基础。自致地位是指在一个人的生命历程中通过个人努力获得的身份地位,如职业,简单来说就是可以改变的身份地位。

角色是对群体或社会中具有某一特定身份的人的行为期待。一个人通常会拥有多重角色,比如一位女性在家庭中照顾孩子时是母亲的角色,而在工作时是职员的角色,但事业与家庭之间可能会处于难以平衡的状态,这就是由角色的要求所引发的对立情况,这时个体就会处于一种角色冲突的状态。再如,当一位男教师的孩子是自己班里的学生时,他既要扮演父亲的角色,又要扮演教师的角色,这两者之间的角色期待也常常会发生冲突,由这种情形而导致的个人压力就是角色紧张。我们每个人都会面临角色冲突或角色紧张的情况,应如何处理这种情况呢?社会学家提出的相关理论可以给我们一些启示。美国的社会学家欧文·戈夫曼研究了人们的互动过程，提出了"拟剧论"。他把人们看作戏剧中的演员，当人们扮演角色的时候，会非常重视自我呈现，即为了使他人按照我们的愿望看待自己而在他人面前努力展示自我，比如，孩子可能会在教师和父母面前表现出努力学习的状态，演员希望在他人面前展示出最好的演技，等等。当人们意识到自己表演失败时就会出现尴尬的情形，这时可以让自己远离某个角色的要求，即保持"角色距离"，这也是缓解角色冲突或角色紧张的一种方法。

角色是社会结构分析中非常有用的概念工具，通过对它的分析可以揭示社会互动的复杂性。角色是一套有关权利与义务的规范，人们扮演着不同的角色，通过相互合作形成了权利与义务关系，一个人对角色规定的权利与义务的承认与接受就是角色认同。人们对自我扮演的角色有了认同，也就有了某种责任感，这种认同感对于人们的心理与行为都有着内在的重要影响。每个人都有多重角色，这些角色能够揭示关于社会结构的大量信息，比如，女性的失业率可能要高于男性，或者受教育程度高的人结婚率更低，等等，从中我们都可以或多或少地了解角色地位与社会结构之间的关系。

▶ 社会发展有规律可循吗？

我们栖居的社会，它的发展有规律可循吗？被称为"社会学之父"的法国社会学家奥古斯特·孔德创立了社会学这门学科，把社会看作社会学的研究对象，将社会学视为一门探索社会秩序和社会发展规律的学问。"社会达尔文主义之父"英国的社会学家郝伯特·斯宾塞也强调对社会整体进行研究，认为社会如同自然界的生物一样，是一个由简单到复杂不断发展和进化的有机体。由于社会非常复杂，社会问题极其广泛，社会学家对社会的研究，可以分为宏观层面、中观层面与微观层面。虽然研究层面与研究方向上存在差异，但社会学家对于社会学的学科属性是有着一定的共识的，即社会学是一门揭示社会秩序、社会结构，探索社会变迁、社会发展规律的学科。

与我们息息相关的社会究竟有着怎样的结构呢？人类社会的复杂性决定了社会结构的复杂性，社会学家对社会结构的理解与阐释也存在不同的角度。在社会有机论的基础上，法国社会学家埃米尔·迪尔凯姆把社会结构分为"机械团结"和"有机团结"两种类型，前者是以原始制度为纽带的社会整合形式，后者是以高度分工和相互联系为基础的社会有机整体。从结构功能主义的视角出发,美国社会学家帕森斯认为社会系统是行动者互动过程的系统,行动者之间的关系结构就是社会系统的基本结构,并提出了 AGIL 功能模式,认为"适应(A)""目标达成(G)""整合(I)""潜在模式维系(L)"是社会系统的必要功能。美国社会学家彼得·迈克尔·布劳对社会结构的阐释基于社会分化的概念,即人们在社会结构位置上的分布状况,以不平等(纵向维度)和异质性(横向维度)为主要形式,认为人口按照不平等和异质性所形成的分化程度构成了社会结构。

马克思主义的社会结构理论是以国家、社会、个人、自然作为主体,去深入地讨论它们彼此之间的关系的,是与唯物史观的形成过程相统一的。在对社会结构的分析过程中,"社会生产""社会要素""社会形态"是马克思着重强调的核心概念。他认为,首先,社会结构是在社会生产的过程中产生的,物质生产、精神生产、人口生产和社会关系生产一起构成了人类社会生产的四个方面。其次,在社会这个统一体中存在着不同层次的构成要素,各个要素承担不同的功能,在维持社会结构的运转中发挥的作用存在差异。社会结构中各个构成要素之间的关系并非总是处于平衡协调的状态,矛盾是发展变化的原动力。最后,社会结构各要素之间的矛盾运动揭示了社会

形态的多层次和多线性,随着社会结构的演进形成了社会技术形态、社会所有制形态、社会交往形态等多种社会形态类型。

马克思关于社会结构的论点主要有两个,一是社会结构的客观性,二是社会结构体现了社会发展规律。具体来说,他承认社会结构的整体性,这种整体性不同于"有机整体"的观点,而是通过相对稳定性和总体协调性表现出来的。此外,他提出社会结构的层级性,认为在社会系统中的各个要素并非并列关系,而是在维持社会结构的运转中承担着不同的功能和发挥着不同的作用。另外,他强调社会结构的动态性。社会结构总是处于不断的运动之中的,社会内部各要素的互动关系形成了动态性,而社会结构的整体性维持着它的相对稳定状态。关于怎样的社会拥有良性的社会结构的问题,马克思给出这样的观点,即个人与社会形成良好的互动关系才能使整个社会实现良性运转。他提出社会结构不合理的重要原因之一就是个人与社会关系的异化。个人与社会关系实现和谐统一,是保证良好社会结构的关键。

概括来说,社会结构就是指一个群体或一个社会中的各要素相互关联的方式,是由社会系统内部的各种要素构成的相对稳定的关系网络。社会的结构要素,也随着社会可持续发展的要求,不断地进行着自我调整并以此来维护社会发展的进步性。社会本身所固有的运行模式,就是其发展规律的具体表现。

人,即栖居在这样一个有着一定结构并不断向前发展或变迁的社会之中。

不拿青春赌明天

> 我有一所房子,面朝大海,春暖花开。
> 从明天起,和每一个亲人通信,
> 告诉他们我的幸福。
> 那幸福的闪电告诉我的,
> 我将告诉每一个人。
> ……
>
> ——海子

西方哲人苏格拉底劝勉人们说"认识你自己"。东方圣人老子也说"知人者智,自知者明;胜人者有力,自胜者强"。我是谁?我从哪里来?我能成为怎样的人?这是每个人在自己成长过程中都可能提出过的疑问。在"认识你自己""知人与自知"的生命之旅中,也许社会学能够助你一臂之力。

▶ 人之初,性若何?

人类是否有一种与善恶相关的本性呢?人性和善、恶有什么关系呢?自人类诞生在地球上的那一天起,就受到生物性与社会性的双重影响,即遗传基因与社会环境对人类的成长过程共同起到了形塑的作用。与自然物不同,人类并非如歌中所唱"你是风儿,我是沙……"般地落在世上,而是经过自我与环境的不断互动得以不断成长和发展的。

马克思主义认为,人是社会关系的总和。现代社会学认为,并没有一个所谓的人之初的本性。路德维希·冯·贝塔朗菲是奥地利裔美籍生物学家、哲学家和思想家。他从生物学的角度出发,创立了20世纪具有深远意义的一般系统论。他运用生物学中有机论的概念,强调生命现象是不能用机械论观点揭示其规律的,只能把它看作一个整体或系统加以考察,更着重强调个体与环境、他人的互动性。美国著名的心理学家布朗芬布伦纳以生态系统理论为基础,强调把发展个体嵌套于相互影响的一系列环境系统之中,在这些系统中,个体与系统相互作用并影响着个体发展。就此,"人在环境中"的概念逐渐

在社会学、社会工作中发展起来。这里的"环境"主要围绕三个层次的系统展开：微观系统（个人）、中观系统（小规模群体，家庭、同辈群体）、宏观系统（社区、文化、组织、制度等）。"人在环境中"的视角，正是从系统与整体的角度解释了人类出生后行为活动与社会环境之间的紧密关系。

家庭，是我们出生后接触到的首要初级社会群体，是个体生活依靠的群体形式。对于婴幼儿来说，家庭又是最重要的社会化施教者，施教的主要内容为教授生活技能与社会规范，树立人生观等。正如《三字经》所言，"养不教，父之过"，个体品性的养成离不开家庭环境的塑造。随着年龄的增长，个体会与年龄相近的人自发结成同辈群体，游戏互动成了社会文化传输的重要形式。"孟母三迁"表明，家长总是希望孩子可以选择"益友"，就是因为同辈群体对个体的影响也是十分重要的，同辈群体对个体的社会化的影响往往是通过游戏、角色模仿等活动来实现的，同辈群体对个体的人际交往、社会角色认知等方面都有着独特的影响。

进入学龄阶段，学校成了对儿童、青少年进行社会化的主要施教机构，它承担着传授科学知识、进行道德教育、培养专业人才等重要职能。学校对个体社会化的推动与家庭不同,它不以亲情为基础,与家庭教育具有互补性。

走出校园后,工作单位成为社会化的主要施教机构,工作单位是以业缘为纽带的社会组织,既是人们职业劳动的场所,又对职工的个体发展产生重要的影响。工作后就意味着"走向社会",可以说这一阶段的个体已经完成了基本的社会化,开始接触更加复杂的社会环境,适应社会生活与角色转变就成了此时施教的主要内容。

在现代社会中,大众传媒扮演着越来越重要的角色,特别是电脑、手机、网络等传播工具的普及,使得人们可以跨越时空的界限获取繁杂的信息。大众传媒在人们的社会化进程中发挥着极为重要的作用。比如,由共青团中央发起,广大青年参与,通过学习来提升自身理论水平、思维层次的"青年大学习"行动。只要关注共青团的微信公众号,就可以进行学习。"青年大学习"向青年传输了正确的价值观和人生观。可以说,大众传媒的社会化施教内容是具有导向性的。传播社会主流文化、发挥社会引导职能,是大众传媒的社会责任,也是今后值得人们深入思考的重要问题。

▶ 成长中的需求与满足

个体在成长过程中,即时性的需求往往很难得到满足。因此,延迟满足便成为个体自我成长过程中需要培养的一种能力。延迟满足是一种甘愿为更有价值的长远结果而放弃即时满足的抉择,是在等待中展示的自我控制能力。这种能力的发展是个体完成各种任务、协调人际关系、成功适应社会的必要条件。

★ 没有生命可以重来

一首《李白》曾经火遍网络。在乡村摇滚的率性中歌手自嘲并写出了现代人对生活的无奈以及对理想生活的向往。"要是能重来,我要选李白,创作也能到那么高端,被那么多人崇拜。"现代人如此爱着的李白,他是不是对自己的人生感到满意呢?李白拥有不世之才,一生矢志不渝地追求着"谈笑安黎元""终与安社稷"的理想。他对自由与解放的渴望,让他在封建制度的束缚下,在世俗的沉浮中选择以"李白式"的态度与方式生活,他纵酒狂歌,寻仙学道,"一生好入名山游"。怀才不遇、愤怒抗争的思想寄寓在他众多的作品中,他最终只能到山林、仙境、醉乡中去逃离现实,以避世换自由。可见,诗仙的生命也有诸多无奈。

我们可能也曾有过后悔的时刻,彼时也许会想:"要是一切能重来该多好啊!"可是,生命重来,到目前为止只能出现在诗歌、文学作品和科学的幻想里。家长在教育孩子时,说得最多的话可能就是"注意安全",毕竟没有什么比生命更重要。生命的可喜与悲壮,也许就在于它的"一次性"。月有再圆日,花有重开时,可是,生命不可以重来。我们能做的、值得付诸光阴的、有意义的事情就是,在有限的生命里提升自我悦纳的能力,有规划地成长,积极地拓展生命的深度。

★ 欲望、潜能实现与延迟性满足

拥有生物性能力的个体产生需求或者欲望,是人类的生理本能,而致力个体发展或潜能实现是人类的现实目标。关于需求与发展的问题,一直是社会学家关注的核心问题。美国著名社会心理学家亚伯拉罕·马斯洛把人的需求概括为从低级向高级发展的过程,个体的需求满足依次经历着生存需求、安全需求、社交需求、尊重需求和自我实现五个阶段。这一理论被称为马斯洛需求理论(图1)。马斯洛需求理论的基础是人本主义心理学,强调追求内在价值和内在潜能的实现是人的本性。

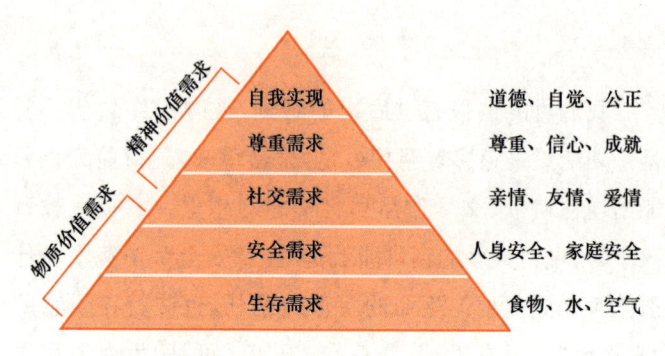

```
                    自我实现              道德、自觉、公正
            精神价值需求
                    尊重需求              尊重、信心、成就

                    社交需求              亲情、友情、爱情
    物质价值需求
                    安全需求              人身安全、家庭安全

                    生存需求              食物、水、空气
```

图 1　马斯洛需求理论

人的发展,也涉及一个即时满足和当下意志自控的问题。美国斯坦福大学心理学教授沃尔特·米歇尔在20世纪60年代进行了一个著名的实验:在一所幼儿园中选取数十名儿童,让他们每个人单独待在一个小房间,这个小房间里面只有一张桌子和一把椅子,桌子上有一个托盘,里面放着孩子们爱吃的棉花糖、曲奇等食物。研究者告诉孩子们可以马上吃掉棉花糖,或者等研究人员回来时再吃,选择后者的话可以再得到一个棉花糖作为奖励,在这期间他们可以按响桌子上的铃,研究者听到铃声会马上返回。对孩子来说,实验的过程非常难熬,有的孩子为了不去看那诱人的棉花糖而捂住眼睛或是背转身体,还有一些孩子开始做出如踢桌子、拍打棉花糖之类的小

动作。结果,大多数的孩子坚持不到三分钟就放弃了,而约三分之一的孩子成功延迟了自己对棉花糖的欲望,他们等到研究人员回来兑现了奖励,差不多有15分钟的时间。这三分之一的孩子选择延迟吃掉棉花糖的行为,就是"延迟满足"。

幼儿园实验完成之后,又发生了让米歇尔惊奇的事情。他的三个女儿曾参加上述实验,在一次偶然的谈话中,米歇尔了解到女儿们幼儿园伙伴的近况,发现这些少年的学习成绩竟与他们小时候"延迟满足"的能力存在某种联系。于是,几年后,米歇尔开始了新的实验,他联系了当时已是高中生的实验参加者,通过问卷调查的方式向他们的父母、老师了解孩子们的学习成绩、问题处理能力及人际关系等方面的情况。结果发现,当年马上按铃的孩子更容易出现行为上的问题,通常难以面对压力,注意力不集中,而且很难维持与他人的友谊。而那些可以等15分钟再吃糖的孩子在SAT(美国高考)成绩上比那些马上吃糖的孩子平均高出210分。

米歇尔的实验及其后续的深入研究证明了个体的自我控制能力可以战胜欲望,这种能力是个体潜能的一种,是可以被提升的,而且对成人后的态度与行为可以产生很大的影响。他曾说:"如果有位孩子可以控制自己而得

到更多的棉花糖,那么他就可以去学习而不是看电视,将来他也会积攒更多的钱来养老。他得到的不仅仅是棉花糖。"其实,"延迟满足"并不只是要让孩子学会等待,也并非一味地压制他的欲望,更不是告诉孩子只有经历困难才能有所收获的道理。它是一种克服当前困难而力求获得长远利益的能力,是个体自我控制的重要技能,也是社会化的重要部分,更是一种基本的、积极的人格因素,是由幼稚走向成熟、由依赖走向独立的重要标志。

需求往往是发展的动力,而发展又会反过来刺激更高层次的需求,更多的需求也就意味着产生更多的欲望。人生有时候需要不时地停下来反思:现在的需求是不是无谓的欲望?现在的自己是不是陷入了需求与发展的陷阱之中?需求满足的实现,往往推动着个体潜能的实现和自我发展,但是人的发展更需要的是自我控制能力、对贪婪之心的辨识能力以及不被物性世界束缚、实现内心自由的能力。"月圆是画,月缺是诗。"发展一直向前,需求永无止境。只有不为外界的纷扰所影响,坚守自己的本心,才能真正拥有如画如诗的生活。

人的潜能实现,实际上涉及人的全面发展。在马克思的发展理论中,人的全面发展一直是核心内容。从分析现实的人和现实的生产关系入手,马克思主义关于人的全面发展的主要内容包括以下几个方面：人的体力、智力及思想道德等；人在社会众多领域的才能及其创造；在既定的历史条件下，人的个性自由发展和如愿从事各种社会活动。当然，这些都要以不妨碍其他人的自由、全面发展为前提。

▶ 社会化与人格发展

★ 生命成长中的社会化

你听过最孤独的鲸的故事吗？它叫爱丽斯，被称为世界上最孤独的鲸。1989年，因为与其他鲸鱼有着不一样的歌声，爱丽斯被人类发现。相关研究显示，普通鲸鱼发声的频率只有15～25赫兹，而爱丽斯却有52赫兹，这样的差距也许正是它生来孤独的主要原因。追踪记录显示，几十年的时间里，爱丽斯一直在孤独地歌唱，从来没有得到过同伴的任何回应。就像歌曲中唱到的那样："我未入过繁华之境，未听过喧嚣的声音；未见过太多生灵，未有过滚烫心情；所以也未觉大洋正中，有多么安静……"这只化身孤岛的鲸生来注定孤独，它的故事也让很多人为之慨叹。值得庆幸的是，身处社会之中的人类不会成为孤岛，因为我们有家人、有同伴，即使是归隐桃

源的隐士也并非生来只身一人。人类自出生就进入了社会环境的包围圈,随着生命的成长,接触到家人、同学、同事等各类群体,这些群体影响着我们自身的成长,我们的存在也作用于人类社会的发展。这样循环往复的过程,就是"社会化"。

社会学中的"社会化",是指人学习社会的文化、增加自己的社会性、由生物人变为社会人的过程。在这个过程中,通过认同并学习所在群体中的多种形式的价值观与社会规范,个体可以作为社会人参与群体和社会生活。这种社会化的过程并非对人的生物性的压制,而是生物性的个体获得社会属性的过程。简单来说,社会化是个体通过学习群体和社会的文化,发展自己的社会属性,把自我整合到社会群体中的过程。

一般来说,社会学中关于社会化的研究主要有三种视角:一是从个性发展的角度,把社会化看作是人的个性形成和发展的过程;二是从文化的角度,把社会化看作是社会向个体传输文化、个体学习与认同文化的过程;三是从社会结构的角度,强调社会化旨在培养合格的社会角色。可见,在这样的过程中,个体是受教者,群体与社会是施教者,社会文化是传输内容,如此就完成了社会文化的传输过程,如图 2 所示,具体来说,在不同的人生阶段,施教者由不同的机构和群体作为主体,主要包括家庭、同辈、学校、工作单位与大众传媒等。

图 2　社会文化的传输过程

★ **人生是否可以抗拒社会化?**

看到这里,也许你会有个疑问,人可以抗拒社会化吗?不妨让我们看看人生的发展阶段,也许从中能找到答案。一个人从出生到死亡就是不断参与社会生活的过程,这种参与实践也就决定了人们对各种社会文化的需求,而对于这类需求的满足就是在社会化的进程中完成的。

婴幼儿期,人主要学习感知世界、语言、基本生活技能等内容;少儿期,人逐步学习科学知识、人际互动关系等内容,树立道德观、人生观;青年期,个体发展的主要任务转变为适应社会角色与生活,职业、婚姻等成为这一阶

段的主要内容;中年期,处理家庭关系、照顾老人、养育子女等成为社会生活的主要任务;老年期,适应退休后的角色转变、正确认识死亡等开始成为生活的重要内容。可以说,自出生到死亡,人一直生活在社会环境中,被社会群体包围,人的一生需要不断进行社会文化的学习、角色的转变与身心的协调,来顺应不断发展的生命历程。这也许就是人类在其成长过程中要完成的任务。

也许你会说,隐于世外桃源不就可以不用社会化了吗?诗人口中的桃花源,亦是一个群居的社会,只不过它是一个没有苦难、人人自得其乐的理想社会。而且,即使真的存在孤身一人的洒脱隐士,也不能否认他的社会属性,如若没有社会文化的输入、社会规范的习得,恐怕也不会具备"采菊"的技能,不会辨识"南山"的面目,更无法体会"悠然"的心境。

★ 人格发展理论小侦探

人的"社会化"过程,就是人的发展历程。子曰:"吾十有五而志于学,三十而立,四十而不惑,五十而知天命,六十而耳顺,七十而从心所欲,不逾矩。"这说的是孔子的生命发展历程,也是中国传统理想的个体人格发展历程。人的发展包括身、心、灵在内的三个方面的成熟与完善。

关于人的发展，一直是心理学、教育学、社会学等领域关注的重要话题，弗洛伊德、埃里克森、皮亚杰等人都提出了著名且有意义的观点。

奥地利心理学家、精神病医师西格蒙德·弗洛伊德创立了有世界影响的精神分析理论。他从心理动力学的角度描述了个体内在世界中自我与本能之间的交互作用，强调本能对个体人格发展的重要性。弗洛伊德认为，人类有"生的本能"（性本能与自我本能）和"死的本能"（攻击本能与侵犯本能）两类最基本的本能，其中性本能是心理能的原动力，并按照力比多（性力）能量的变化和发展，把人的性心理发展分为五个阶段：口腔期（0～1.5岁）、肛门期（1.5～3岁）、性蕾欲期（3～6岁）、潜伏期（6岁～青春期）与生殖期（青春期～成年期）。弗洛伊德认为，口腔期是性心理发展的原始阶段，婴儿通过吸吮、咀嚼、吞咽等口腔活动来获得快感与满足。1.5岁后婴儿对肛门活动特别关注，通过排泄时内急压力的解除而获得快感。随着个体的成长发育，3岁以上的幼儿开始对两性有了区别能力，力比多关注对象开始转移到他人身上，此时仍属于一种心理上的性爱，如对异性父/母的眷恋。从潜伏期开始，儿童的力比多开始升华，对性的兴趣大减，转而专注于其他的社会活动，直到生殖期，个体开始

以生理上的性交为最高满足形式。

弗洛伊德认为,成人人格的基本组成要素在前三个发展阶段已经基本成型,所以在处理成人的心理问题时可以运用早年创伤性经历的方法进行治疗。虽然弗洛伊德的理论受到诸多质疑与批评,如女性主义认为其理论具有性别偏见,再如他的整体理论并没有充分而严密的科学证明。不可否认的是,弗洛伊德的理论对心理学、社会学、哲学、文学艺术等诸多领域都起到了巨大的推动作用,并且在当今社会,弗洛伊德主义和新弗洛伊德主义仍作为一种哲学思潮得到了广泛的传播。

面对对弗洛伊德理论的质疑与批评,深受弗洛伊德影响的美国心理学家爱利克·埃里克森创立了新的精神分析学说。他将人的发展中的人格结构,从弗洛伊德的本能过程转到自我过程,把人的发展动机从潜意识领域扩展到意识领域,从先天的本能欲望转移到现实关系中,强调自我与社会环境的相互作用。埃里克森把人格发展同生命周期对应,划分为以下八个阶段:

信任对不信任阶段(0~1.5岁) 这是获得基本信任感而克服基本不信任感的阶段。如果婴幼儿的需求与外界的满足保持一致,就会产生信任,并由此扩展为对一般人的信任。反之，如果需求得不到满足，就会滋生出不信任，产生害怕与怀疑的心理，影响下一阶段的发展。

自主性对羞怯和疑虑阶段（1.5～3 岁） 这是获得自主感而避免羞怯感与怀疑感的阶段，儿童的自主意识开始出现，而羞怯与怀疑则来自社会的期待和压力。如果父母等人，允许儿童独立地去完成一些力所能及的事情并给予表扬，儿童就会获得自主感，表现为日后具有自主决策、自我约束和不屈不挠的决心。反之，斥责、体罚等行为就会使儿童产生自我怀疑、羞怯与疑虑。

主动性对内疚感阶段（3～6 岁） 儿童在这一阶段的肌肉运动与语言能力发展很快，活动的范围也扩展至家庭之外，如果成人不干预儿童的好奇心以及探索行为，让他们有更多的机会去自由参加各种活动，耐心地解答他们提出的各种问题，儿童的主动性就会得到进一步发展。反之，如果对儿童采取否定与压制的态度，就会导致儿童产生内疚感与失败感，并影响下一阶段的发展。

勤奋对自卑阶段（6～12 岁） 这一阶段儿童的智力得到不断的发展，逻辑思维能力迅速提升，活动范围扩展到学校。学校是训练儿童适应社会、掌握今后生活所必

需的知识和技能的地方。这时对他们影响最大的已经不是父母,而是同伴,尤其是教师。如果儿童能够顺利地完成所学课程,他们就会获得勤奋感,这将使其充满自信并对学习产生更大的兴趣。反之,如果不能发展出勤奋感,就可能自卑,甚至在人格中形成无能感。

同一性对角色混淆阶段(12~18岁) 这一阶段的核心问题是自我意识的确定和自我角色的形成。"同一性"这一概念是埃里克森自我发展理论中的一个重要组成部分,可以理解为个人与社会的统一,主我与客我的统一,个人的历史性任务的认识与个人愿望的统一,等等。简言之,就是对"我是谁?""我怎么样?"等相似问题的回应。这种同一性可以帮助青少年了解自己以及了解自己与各种人、事、物的关系,以便能顺利地进入成年期,否则就会产生角色混淆。这种角色混淆主要表现为自我怀疑,忽视努力与成就之间的关系或生活无目的。

亲密对孤独阶段(18~40岁) 这一时期是获得亲密感,避免孤独感的阶段,只有当一个人确保自己的同一性时,才能建立良好的亲密感。然而,如果一个人不能与他人分享快乐与痛苦,不能进行情感的交流,不能与他人相互关心与帮助,就会陷入孤独寂寞的苦恼之中。

繁殖对停滞阶段（40～65岁） 这是个体成家立业的阶段，这一阶段发展的可能性有两种：一种是向积极方面的发展，个体形成积极的同一性，即过上幸福生活，个体的兴趣开始扩展到下一代及其他人，关心下一代的健康成长，工作中更具创造性；另一种是向消极方面的发展，即"自我专注"，形成自私的人格。

自我整合对失望阶段（65岁～死亡） 这一阶段人逐渐步入老年期，是获得智慧与完美感，避免失望感的阶段。当老人回顾过去时，可能怀着充实的感情与世告别，也可能怀着绝望走向死亡。自我整合是一种接受自我、承认现实的感受，是一种超脱的智慧。如果一个人的前七个阶段积极的成分多于消极的成分，即自我整合大于绝望，回顾一生觉得这一辈子过得很有价值，生活得很有意义，他将获得超脱的智慧并获得完美感。相反，如果消极成分多于积极成分，就会产生失望感，感到自己的一生失去了许多机会，走错了方向，想要重新开始又感到为时已晚，于是产生了绝望感。

埃里克森认为人生中的八个阶段是依次出现的，而且具有跨文化的一致性。其中前五个阶段是与弗洛伊德的划分基本一致的，他认为这是人格发展的必要条件和

决定因素。不同的是，埃里克森关注的重点不是心理、性欲的发展，而是个体的社会经验的积累。而且，埃里克森没有同弗洛伊德一样终止于对成年期的讨论，而是扩展到了老年期，形成了一个覆盖全部人生历程的人格发展理论。

瑞士儿童心理学家让·皮亚杰则提出了儿童认知发展理论，也是有关个体人格发展的理论来源。他以自己的三个孩子为实验对象，在妻子的协助下，用大量时间观察孩子们的行为反应，对孩子们的研究成为其创立儿童认知发展理论的重要基础。皮亚杰的理论阐释了个体从出生到成年的思维发展的阶段性特征，将儿童认知能力的发展划分为如下四个阶段。

感知运动阶段（0～约 2 岁） 这一时期儿童的认知发展主要是依靠感觉和动作。儿童主要依靠视觉、听觉、触觉等感觉与运动器官来了解和适应外部环境，吸收外界信息。此时儿童只具备一系列反射能力；而到了后期，感觉和动作开始逐渐分化，思维开始萌芽。

前运算阶段（约 2～约 7 岁） 这一时期儿童的思维方式尚未完全达到合理的运算阶段，主要表现为单维思维、自我中心等，尚不具备可逆性思维、抽象化能力。

具体运算阶段（约 7～约 11 岁） 这一阶段的儿童开始具备理解抽象概念的能力，能够进行合理的逻辑推理，主要表现是守恒观念的形成。开始由单维思维发展为多维思维，并逐渐具备了社会化的条件（去自我中心），开始学习处理人际关系。

形式运算阶段（约 11 岁～成人期） 这一阶段个体具有了假设演绎思维能力，逻辑推理能力得到了更大的发展，并且具备了系统思维能力，可以从分离与整合的角度去解决生活中的问题。

这些关于个体人格发展历程的理论，都是建立在一定的观察和体验基础之上的。对于成长中的当代中国人来说，了解人格发展理论，明确每个阶段的特点与发展任务，将有助于我们顺利度过每个人生阶段，获得正确的人生态度，让我们的人生趋向成熟和完善。

▶ 焉用青春"赌"明天？

"我的孩子是否也会天赋异禀？""我的孩子是否会输在起跑线上？"等问题往往是一些家长在培养孩子之初就有的疑问。对此，灵性社会学认为人大可不必狂想，也无须焦躁，更不用"拿青春赌明天"，因为只要你具备人生的

三种基本能力(感性能力、理性能力、灵性能力),就可以打开自己精彩的人生画卷。

有一位博士生,他从中国某一流大学毕业后到美国某大学攻读博士学位。因不能如期毕业,他选择结束自己年轻的生命。对于一般人来说,会认为就算他放弃攻读博士学位,改变自己的人生目标,他仍然是人生赢家,但他最终选择了一种"极端"的解决办法。实际上,这种人并不罕见。这种"极端"的人生解决办法,实际上就是"一种赌",即将生命的意义或价值牢牢地固定或"对赌"于某个对象上,并随其"狂奔不息"。这种"赌"的人生路径,枉顾了这样一个社会学事实,即就个体的能力发展来说,"人是个集潜能体、功能体和病体之'三体'于一身的存在而已"。

人,是作为一个"潜能体"而来到世间的。正如联合国开发计划署在1994年《人类发展报告》中明确表述的一样,"人类带着潜在的能力来到这个世界上"。人的潜能到底有多大呢?死亡来临之前或者"人生盖棺定论"之前,谁又能预知人的潜在能力呢?可以说,谁也无法做出精准回答。那么,我们可以试着看看,就个体的潜能发展来说"是否存在着某些基本能力"。如果这些基本能力得到了发展或实现,那么个体的其他潜能实现就只是时间或实践问题了。

什么样的能力才能被视为人的基本能力呢?灵性社会学认为作为"人的基本能力"应该符合以下几个条件:

一是,它应该发生在每一个个体身上。

二是,它应该发生在每一个个体生活中的每一时每一刻。

三是,每一个个体的每一种其他具体能力的实现,都要以此为基础。

四是,如果没有它,其他能力的实现都会受到阻碍。

五是,它是每一个个体存在所"须臾不可离"的,失去了它,每一个个体都将不复存在。

让我们剔除每一个个体复杂、绚丽的外表,或者剥去每一个个体所拥有的各种与名利、权势等相关的符号,那么呈现的就是一个个赤裸的、充满生命的超级有机体,即一个个纯粹的存在者或者一个个真正的"裸体者"(比如,刚刚出生的婴儿),最后"纯粹的当下"会拥有什么呢?答曰:唯有三种能力,即感性能力、理性能力和灵性能力。个体所拥有的这三种能力,正是人的所有现实能力(功能体)和潜在能力(潜能体)的基础。

一个人所拥有的感性能力,是指其作为生物性的人在实践过程中凭借眼、耳、鼻、舌、手等感觉器官对外界事物能够产生的感觉、知觉和表象等直观形式的认知能力和实践能力。简单地说,就是人所具有的与身体相关的感知能力。正是个体所禀赋的感性能力,给人带来了各种所谓的"感性的享受""感性的世界"。当然,感性的直观或实践,除了给人带来感官的愉悦、欣喜之外,也会带来众多的悲苦、痛愁。

在日常生活中,我们都有过选择性的行为,例如,在好坏之间、大小之间做出选择,这就属于人的理性能力。理性能力,也是生物性的个体所具有的一种能力。理性,一般指人在实践中所具有的概念化、进行比较、做出判断或推理的能力。由理性能力而获得的认识或实践,属于理性认识的范围或者基于理性认识的活动。我们知道,真理往往是隐藏着的,不能简单地由感觉来揭示,必须经由理性能力去粗取精、去伪存真才能够被发现。

当然,人无愧于"万物之灵"的称号。人的存在,并不仅仅在于其具有独特的感性能力或者理性能力,更在于其所具有的超然物外的、高妙的灵性能力。人是一个充满灵性的存在者和实践者。灵性是生物性的个体所具有的一种自我超越、摆脱束缚、达于"自由"并至于"幸福"之境地的能力。片面开发感性能力或者理性能力,这不是人的发展目的,潜能开发、充分且完整的自我实现才是人发展的根本目的。感性能力、理性能力与个体的灵性能力一起为个体的幸福、完整性服务。可以说,同感性能力、理性能力一样,灵性能力也是人的一种自有的能力,是任何人不能强加也不能剥夺的能力。

由此,对于人,不仅可以说"我吃故我在",也可以说"我思故我在",更可以说"我觉故我在"。"我吃故我在",讲的是人所具有的"(感)受的能力"或曰"感性能力";"我思故我在",讲的是人所具有的"思的能力"或曰"理性能力";"我觉故我在",讲的则是人所具有的"放下的能力"或曰"灵性能力"。

一个人在成长和发展过程中,如果能够自觉地促进上述三种能力的协调发展,那么他的人格就是完整的、完善的,他的潜能就可能得到实现,而他的幸福也是可期的。历史与现实也常常会给出这样的启示:最幸福的人,往往不是片面发展的人,而是那些"全人",也就是感性、理性、灵性三种能力平衡、统一、完整的人。

我们发展感性能力,就是探寻生命的多种可能,让自己的生命丰盈充实起来,所以,我们需要锻炼身体、强健

体魄，提升感官能力，像做运动、保护视力等都是对感性能力的保护与重视。我们发展理性能力，就是在探究世界的深度，去抓住事物的本质，是我们理解世界、改造世界的基础，所以，我们需要努力学习物理学、化学、逻辑学等诸多自然科学领域的知识，从而探索世界、发现真理。我们发展灵性能力，就是在扩大生命的内在空间，使个体与自我、他人、社会、自然等达到和谐而圆满的境地，所以，我们需要努力学习哲学、社会学、心理学等诸多社会科学领域的知识，对灵性能力进行发掘和提升，以发现物质世界的多元、精神生活的富足，以及生命的意义与价值。个体的三种基本能力如图3所示。

图3 个体的三种基本能力

人何以能群分？

方以类聚，物以群分，吉凶生矣。

——《周易》

社会学是从西方引入中国的一门社会科学。在社会学刚被引进来的时候，大翻译家严复结合中国传统思想中有关"群"的概念将其翻译为"群学"，"物以类聚，人以群分"。《荀子·王制》篇里有一段话："人，力不若牛，走不若马，而牛马为用，何也？曰：人能群，彼不能群也。"意思是说，人的力气不如牛大，跑得也没有马快，牛马却能为人所用，其原因就在于人能"群"，而牛马不能"群"。这是人之所以为人的原因，也是人和其他动物的根本区别所在。因此荀子得出结论，人和动物的区别在于人能够"群"，即"人之生，不能无群"。荀子这里的"群"可以理解为"聚集""协作""集体行动""社会性行动"。我们日常生

活中也经常说到"三人一伙,五人一群",这里的"群""伙",都是人类经常性行为,即会通过"聚在一起"的方式来发起具有社会意义的行动。"百般乐器,唢呐为王。不是升天,就是拜堂。"在生活中,无论是喜宴还是丧宴,大家都聚在一起共同完成活动。在意识里,在文化中,在细节上,人们总会"聚"在一起。你肯定会好奇,在这些现象背后到底是什么在驱使着人们尝试"聚"的行为呢?

▶ 镜子与群体

唐太宗评价魏征:"以铜为镜,可以正衣冠;以史为镜,可以知兴替;以人为镜,可以明得失。"没错,镜子、历史以及他人都是我们认识这个世界的参照物。我们有时候因为缺少参照物而产生了错误的认知。

有这样一个故事:甲、乙两个人一起相约去掏烟囱,当他们做完工作时,甲、乙两人互相看了看,甲发现乙的脸上有烟灰,就马上用布抹了抹脸,而乙看见甲脸上没有烟灰,误以为自己也没有烟灰,就开心地和甲聊了聊在掏烟囱时看到的风景。到家时,乙的妻子笑着问他:"路上是不是很多人都对你笑呢?""是呀。"乙也笑着答道。"是呀,他们笑你一脸烟灰呢!"这说明我们要选择正确的参照物才能准确评判是非。在个体成长过程中,群体中的他人起到了镜子的作用。

美国社会学家查尔斯·霍顿·库利有一个理论——镜中我。这个理论和上面的故事有异曲同工之妙。"镜中我"是他在1902年出版的《人类本性与社会秩序》一书中提出的理论。这个理论主要讲的是,我们每个人彼此都是对方的一面镜子。我们对事物的看法、态度以及行动都会受到他人的影响。库利参透了这个道理,于是在研究人的本性和社会秩序时提出了"镜中我"的理论。你是否还记得,小时候模仿爸爸妈妈说话呢?你有没有好奇为什么有些人不吃香菜呢?没错,我们习得的语言、习惯、行为大部分来自自己最亲近的人。这些最亲近的人,就是我们每一个人成长过程中的"小群体",库利称之为"初级群体"。在这些初级群体的影响下,我们渐渐地习得了社会的基本规则,懂得了如何按照规则生活。

听到"狼孩"这个词,你会想到什么呢?"狼孩"是指"从小被狼攫取并由狼抚育起来的人类幼童"。一个本应该生活在人类群体中的婴儿,由于偶然的因素被狼叼走,在与狼朝夕相处中,婴儿渐渐地把狼当作参照物,习得了狼的生活习惯,例如,"嚎叫""撕咬生肉"等这些非人类的行为。你或许觉得不可思议,但这就是事实。是什么引起了这种现象呢?其实用"镜中我"的理论就很好解释

了。人类的婴儿以"狼的行为反应"为镜子,习得了"像狼一样生活"的行为习惯,如四肢着地行走,说着人类听不懂的"狼语",等等。

如果把人类个体从其"初级群体"中学习的行为习惯、基本规则等称为"社会化",那么人类的婴儿在狼群中习得了狼的性情、狼的行为模式就可以称为"狼群化"。从摇篮到坟墓,我们人类的个体终其一生都在不断地经历着各种形式的"社会化"。在"社会化"中、在人类的小群体中,他人是我们成长的镜子,同样,我们也是他人成长的镜子。社会化,伴随我们一生。从一个生物人,变成一个社会人,这就是社会学中社会化理论要告诉我们的一个"社会事实"。

▶ **符号与互动**

人类社会又是以怎样的方式来进行群体活动的呢?人类的日常活动离不开交流和互动,那么人们靠什么交流呢?日常生活中,我们总是可以看到,某个群体用相同的语言谈笑风生。我们也见过,聋哑人靠着肢体动作进行沟通和交流。古人会结绳计数,仓颉创造了文字,西周开始祭天。算数、文字、礼仪作为符号都是生活的一部分。每一个汉字、每一种礼仪背后都是约定俗成或者是载入史册的符号。符号被不同的时代、不同的文明、不同的人类赋予不同的意义。

有一个从印度来华读大学的人,在中国待了一段时间跟中国人小甲说:"你们中国人真善良。"小甲说:"怎么了?"印度人说:"你看到处的牌子上都写着'早点',每天都提醒大家要早点,多么善良啊!"小甲笑着摇了摇头。印度人却认为小甲同意了他的话。印度人遇到每一个中国人都拿"早点"的例子来说明"中国人很善良"。后来,终于有一个中国人小乙很认真地告诉印度人,那个"早点"是一种食物。印度人才恍然大悟。小乙通过和印度人沟通才发现:印度人不是点头"yes(是)"、摇头"no(否)",而是用晃头表示赞同。这个故事说明语言、文字、动作等都是人类进行沟通的桥梁,但是不同的人对它们的理解是不一样的。

说到这些,我们就不得不提符号互动论大师美国社会学家乔治·赫伯特·米德。米德被认为是符号互动论大师之一。在符号互动论那里,符号是基本的概念。符号是指所有能代表某种意义的事物,比如语言、文字、动作、物品,甚至场景等。每一种事物成为符号是因为它被人们赋予了某种意义,而这种意义是大家(相关的人们)所公认的。语言是众多符号中的一种,米德认为它是人

们相互沟通和交流的工具,语言是所有符号中最丰富、最灵活的一个符号系统。人们在日常生活中,总是通过口头语言、身体语言(包括表情与体态)等方式,向他人传达各种意义,实现人与人之间的复杂交往。米德在《心灵、自我与社会》一书中详细地论述了符号对人类交往的作用和意义。米德将符号分为简单符号和高级符号。狗通过撒尿的方式留下标记,狼通过嚎叫的方式召集其他的狼,孔雀通过开屏的方式求偶。没错,动物世界也是有符号的,但是这些都是简单符号。文字、语言就属于高级符号,这些符号随着历史的沉淀和时间的流逝,逐渐发展成为越来越稳定的系统,成为一代又一代传承文化、习俗、法律等内容的体系。

符号在日常生活中是无处不在的。你会发现,不同的群体践行着不同的符号。比如说你的邻居阿强是广东人,总是喜欢说粤语,而你是北京人,你们每次说话都"牛头不对马嘴"。久而久之,你就不愿意和你的邻居阿强交流了。你坚持的符号会让你不知不觉地疏远一些人和事。

▶ 社会像张"网"

提到"网",你会想到什么呢?一张上面沾满了猎物和灰尘的蜘蛛网,还是将你我包含其中、黏结在一起的互联网呢?"六度分离(Six Degrees of Separation)"实验,也称为"小世界"实验,是由美国社会心理学家斯坦利·米尔格伦进行的。了解这个实验之后,你就会知道这个世界是多么狭小,即使我们不断地出逃,也依然逃不出这个人际关系的网络。

实验过程是这样的:首先,米尔格伦在美国的堪萨斯州和纳布拉斯加州,通过邮寄商品目录和报纸广告的方式,招募到一批志愿者,然后,告诉他们美国的马萨诸塞州的某个目标对象的姓名、地址和职业。米尔格伦要求这些志愿者将一个文件,通过亲手邮寄的方式,转交到他们认为有可能认识目标对象的熟人手中,以此类推,以便使文件尽快送达目标对象手中。其中一份文件仅用三次传递,两位中间人就完成了任务。当然,并不是每一位志愿者都如此成功,但平均所需中间人的数目为五个。中间人将米尔格伦实验中的志愿者与目标对象联系起来,实现这种联系平均需要五个人,就是他所称的"六度分离"。也就是说,平均只要通过五个人,你就能与世界任何角落的任何人取得联系。这个结论定量地说明了我们世界的"大小",或者说人与人之间关系的紧密程度。当

然,和他的其他理论一样,"六度分离"理论也受到诸多诟病。

在优化的情况下,你只需要通过五个人,就可以结识任何你想要认识的人。试着想一想,你的微信联系人列表里面或许没有马云,但是你只需要通过五个人就可以加到他的微信。"六度分离"说明了社会中普遍存在一些"弱链接"关系,这一关系其实可以发挥非常强大的作用。"六度分离"在互联网出现之前或许只是一种理论,但是随着互联网的出现和迅速发展,这一理论实现的可能性逐渐增大。

1940年,李察夫-布朗已经用"人际网络"来形容社会结构。1954年,英国人类学家白恩士采用了社会网络的分析方法有效地分析了一个挪威的渔村社区。通过几位社会网络理论学者的努力,社会网络理论逐渐发展成一个独立且完整的体系。社会网络理论学者认为,社会像一张关系网。这张网连着亲戚、朋友、邻里等对个人生命有意义的"重要他人"。"重要他人"是人际关系网络的重要概念之一。"重要他人"指的是对自己生命有重大影响的人,这些人一旦离去,我们就会感到极其不适应。一般"重要他人"的作用可以概括为七类,分别是角色伙伴、生活协助、网络连接、肯定自我、心灵安慰、现实确认、目标一致。我们总是在这张网上获得关心、照顾以及支持。按照关系的亲疏远近，社会关系网络可以分为强关系和弱关系两种类型。强关系不仅指与我们联系紧密的人，比如父母，也指对我们有重大影响的人，比如闺蜜。反之，那些平时与我们互动较少的人，就属于我们的弱关系。

关于这一点，我们不得不提费孝通教授在《乡土中国》中提出的"差序格局"理论。差序格局是以自我为中心，以血缘的亲疏远近为半径画圆，而形成的一种人际格局。在这个格局里，每当我们遇到重大事件，如结婚、生子，总是会找我们最亲的人，如父母、好友等商量。"差序格局"强调的是由于关系的亲疏远近不同而形成差别对待的状态。社会学家还提出了交往的"同心圆"理论。这个理论是以自我为中心，根据关系的远近不同可以分成不同的圆圈，第一圈里面是父母等直系亲属，第二圈可能是深交的挚友，第三圈可能是同学或者同事等交往频繁但是关系却有些疏远的人。

当今社会的"网"，已然拓展到了"互联网"。互联网就像一张巨大的"蜘蛛网"，上面密密麻麻的交点是一个个网友。同现实的网络一样，我们可以在互联网上获得

各种有益的资源、信息等。现实网络中的关系,往往亲疏不同。互联网中的关系就不一定了,互联网具有匿名性。为什么网上键盘侠很多?因为互联网隐匿了键盘侠在现实生活中的真实身份,所以有时说话不用负责任。面具之下,有些人总是把不能发泄的坏情绪发在网上。

▶ 组织化行动

现实社会中,人们经常会参与各种各样的组织活动。组织是什么?家庭算得上是组织吗?一个班的同学组成的集体是组织吗?组织和集体又有什么区别呢?你是否存在这些疑问?有些学者认为组织是人们为了实现个人不能实现的目标而聚集在一起的群体。"组织"作为名词,一般是指一种特殊的机构或者群体,如我国在2001年加入了世界贸易组织。"组织"作为动词,是对某些群体的动员和集结,如班长总是组织同学们参与学校的各项活动。"集体"是相对于"个人"的名词。一般而言,集体,是指有密切关系的人为了实现共同的目的而形成的整体,如我们热爱我们的班集体。

大家肯定觉得"组织"和"集体"这两个词太相似了,那我们来看看组织有哪些特征,这样我们就可以更好地理解"组织"和"集体"的区别。组织,一般包括正式组织和非正式组织。组织的特征包括：第一，组织都包含明确的规章制度，是通过国家或地区的相关机构批准建立的制度化产物。比如世界贸易组织，是获得许多国家或地区认可和批准并有相关的章程和制度的。第二，组织的规模比较大。组织包含的范围比较大，比如世界贸易组织属于世界级的组织，再如学校就是为学生提供学习场所的组织。相对于"集体"，组织的范围就比较大了。第三，组织内部是有机构设置和人员配置的。比如世界贸易组织中设有总干事、秘书处等机构，既然有机构设置，那么从业人员就会有相应的工资收入。"集体"中恰恰没有这些要求，比如班集体一般没有机构设置，更没有工资收入。我们回到最初的问题：家庭是组织吗？根据以上"组织"的特征判断，很显然，家庭是最小的集体，但不是组织。

什么是"组织化行动"呢？我们要理解组织化行动，就要先了解什么是"组织化"。组织化是指具有高度分工的、整合各种资源的，并且具有去个性化趋向特征的组织，比如公司就是典型具有组织化特征的组织。

我们提到组织化行动，就不得不提科层制。科层制是组织化行动赋予现代社会的产物。科层制又叫作官僚制，是权力依职位和职能进行分层和分工，依规则为管理

主体服务的管理方式和组织体系。我国是拥有悠久历史的国家,很早就有官僚制的概念。我国关于官僚制的概念最早可以追溯到商周时期。对于我国官僚制的印象,你一定会想到"等级森严"这四个字,上至天子下至文武百官,每一个人都各司其职,完成与自己职位相称的工作。为了加强管理,中央政府在中央设立辅政官职,如御史大夫、刺史、宰相等,在地方设置不同等级的地方官职,如太守、县令等,从而加强中央对地方的管理。这种在组织内部进行分层、分工管理,各司其职的结构形式或者管理形式,就是马克斯·韦伯所说的科层制。随着工业化时代的到来,国家或早或晚地逐渐步入工业化的浪潮,工业化的显著特征就是高度的分工。你还记得喜剧大师卓别林在默片《摩登时代》中饰演拧螺丝钉的工人吗?你是否在看到卓别林将一个女人身上的扣子当作螺丝钉并追着她要拧扣子时,哈哈大笑起来?这看起来确实好笑,但笑完你是否感受到导演的用意,高度的分工,不讲情感只讲效率。"简单、重复、高效"这几点都是科层制的特征,这也是现代组织具有的特征。随着时代的快速发展,组织化行动不断由一个公司扩展到另一个公司,也由一个国家扩展到另一个国家。

在线时代的教育

玉不琢,不成器;人不学,不知道。
是故,古之王者,建国君民,教学为先。

——《礼记·学记》

教育社会学,是社会学研究的一个重要的专门领域。它是研究教育现象、教育问题及教育与社会之间关系的学科,也是教育科学的重要分支。孔子提出过"庶、富、教"的思想,认识到人口增长、经济发展与教育的关系。先秦时期的《礼记·学记》载有"化民成俗,其必由学""建国君民,教学为先",表述了当时对教育与社会政治关系的认识。1922年法国社会学家迪尔凯姆出版了《教育与社会学》一书,迪尔凯姆被认为是教育社会学的奠基者。

▶ 作为社会制度的学校教育

学校,是现代社会教育制度的设置之一,是个体接受知识教育与完成社会化的重要场所。学校是一种有组织、有目的、有系统、有计划地开展教育活动的场所。我国的学校一般可以分为五种,分别是幼儿园、小学、初中、高中和大学。学校是什么时候出现的?我国学校的历史可谓悠久,学校在西周时期被称为"辟雍",西汉时期在中央设有太学,清代时期设有学堂。据研究,人类社会进入奴隶社会时期,由于金属工具替代了原始社会的石器工具,生产水平提高,于是产生了专门学习使用工具的场所,即学校。

我国的学校制度,源于早期的四大学制:壬寅学制、癸卯学制、壬子癸丑学制及壬戌学制。"学制"即学校教育制度,是国家对各级各类学校的安排。学校制度是一种规定了各级各类学校的性质、任务、培养目标、入学条件、修业年限、管理体制以及学校之间关系的制度。前三个学制都以日本学制为蓝本,1922年施行的壬戌学制则以美国学制为蓝本。

壬戌学制的主要特征有以下几个：以美国学制为蓝本，采用美国式的六三三分段法，规定小学学习六年，初中学习三年，高中学习三年；明确根据学龄儿童和青少年身心发展规律作为划分学校教育阶段的依据；体现了"五四"以来教育改革的基本方向。壬戌学制也被称为"六三三学制""新学制""1922年学制"等。这是我国早期学制中实行时间最长的学制，从1922年一直沿用到中华人民共和国成立以后的1951年，是我国首个兼顾升学和就业的学制。

为了提高广大劳动人民的文化水平，促进工农干部的深造和国家建设事业的发展，改善中国教育的不均衡现象，1951年我国政务院颁布《关于改革学制的决定》，产生了新中国第一个学制。1993年中共中央国务院颁布《中国教育改革和发展纲要》，在结构上确立了基础教育、职业教育、成人教育和高等教育四种类型。

▶ **学校教育的功用**

现代社会中，学校是除了家庭之外的主要的教育场所。我国传统文化是非常注重教育的，孔子认为治理好一个国家，要有三个条件，即"庶、富、教"，先要有较多的劳动力，发展生产，解决人民物质生活中的吃喝穿住问

题。在先庶、先富的基础上,孔子建议发展教育事业,对人进行有效的教化。孔子还说"不教而诛,谓之虐",强调了"教"的意义。在现代社会中,教育主要由学校来承担。

当然,并不是所有人都愿意上学的,但是,孩子们又不得不去上学。为什么要去上学?这也是很多人的疑问。也许有人会告诉你,上学是社会要求的。

学校教育作为一种社会性设置,具有多种社会属性,呈现出多种社会功能。就学校教育所实现的社会功能来说,我们可以简要概括为五个方面:一是教育能够改善人口质量,为国家发展培养人才,为国家的政治、经济、社会发展服务。二是教育能够提高人口素质,形成适应现代社会生活的观念、态度和行为方式。三是教育具有保存、活化、选择、整理、更新、创造文化的功能。教育作为传播文化的主要途径之一,也是国家软实力的重要体现。四是现代社会更加重视教育的经济功能,教育可以提高受教育者的潜在劳动能力,通过提高国民的人力资本提高国民收入。五是教育能够促进科学技术的进步,提高生产力水平,从而加快经济的发展。为了提高竞争力,我国提出了科教兴国战略。通过不懈的努力,我国正在不断实现由"中国制造"向"中国创造"跨越。

当然，学校教育在实现了社会功能的同时，也满足了个体发展的需要。教育的个体功能表现在以下几个方面：首先，教育使得个体能够习得社会上的各种道德、规范、准则，以此促进个体更好地融入社会，实现个体的社会化；其次，教育对于个体的作用还在于能够促进个体能力的提升，开发个体的创造力，促进个体价值的实现；最后，通过接受逐级的学校教育，个体掌握了未来就业所需要的知识，培养了个体的职业意识，提升了个体的就业技能。

教育家蔡元培先生提出过"五育并举"的教育思想，五育是指"军国民教育、实利主义教育、公民道德教育、世界观教育和美感教育"。蔡元培先生认为，它们"皆近日之教育所不可偏废"。

▶ **学习机会均等**

我国教育体制将个体所能接受的教育分为五个阶段，即学前教育、初等教育、中等教育、高等教育以及继续教育。学前教育是指3~5岁在幼儿园接受的教育；初等教育是指6~11岁时，在小学受到的教育，这部分教育被纳入九年制义务教育中；中等教育是指12~17岁在中等学校接受的教育，这部分的教育包括初中、普通高中、职

业高中等,其中初中阶段也被纳入九年制义务教育阶段;高等教育,包括本科教育和研究生教育;继续教育,是指已经脱离正规教育,已参加工作和负有成人责任的人所接受的各种各样的教育。继续教育是对专业技术人员进行知识更新、补充、拓展和能力提高的一种高层次的追加教育。我国将九年制义务教育纳入法律体系,从1986年7月1日开始实施《中华人民共和国义务教育法》,自此,我国开始在全国范围推广九年制义务教育。从教育体制安排的角度看,每个人接受教育的机会是平等的。这样完整的教育体制为每一个想读书的人提供了相应的途径。

相比较而言,我国的教育体系中公立教育资源更为丰富且覆盖面广,这也为实现更大范围的教育公平提供了保障。对比国外教育制度,我国的教育制度是具有一定公平性的。只要孩子努力学习,通过高考就有机会在我国高等学府中读书。

当然,个体在接受教育过程中存在着许多事实上的不平等。各学校之间存在着质量不均衡、个体智力水平有差异、个体出身的家庭存在着一定的贫富差距、个体努力程度不一样等,这些因素都会导致个体接受教育过程中的实质性不平等。比如,上学不仅要负担学费还需要支出生活费,这就是为什么国家虽然制定了九年制义务教育法律,但是偏远农村地区仍然有一些家庭极端贫困的学生无法上学。许多父母都有送孩子上课外班的经历或冲动,无论是为了提高素养而学习一些兴趣班,还是为了提高学习成绩而参加课外补习班,这些课外班都是需要花钱、花精力的,但是每一个家庭的经济实力和父母的精力是不一样的,这又会导致接受教育个体的实质性不平等。

那么,在目前事实上存在着不平等的情况下,我们是否可以采取"一刀切"的方式,将课外班全部消灭掉呢?实际上,在目前的经济发展水平和精神觉醒水平下,我们很难做到一刀切,即使我们做到了,往往对孩子来说也是有害的,因为这样做没有使差者变好而是使优者变差。我们如何才能够尽量做到真正的教育公平呢?一方面,高等教育这个"进口"必须公平,继续坚守高考公平的底线。虽然高考制度还有许多被人诟病的地方,但是目前来说它仍然是最公平和最有效率的制度。另一方面,就业这个"出口"必须公平,要倡导并采取多种制度保障雇员录用的公平。例如,在国家公务员录用时、大型企业招聘中,相关企事业单位都需要有有效的保障、监管机制,确保招聘过程的公开、公平、公正,保障基于教育机会公平所带来的就业结果的公平。

就目前来说,学校教育总体是公平的,也有不公平的地方。对于每个需要接受教育的儿童都有接受九年制义务教育的机会来说,是公平的。教育是伟大的均衡器,促进了代际流动和代内流动,促使社会实现了一定程度的平等。对于许多人来说,接受好的教育,意味着所处的社会层级的改善。但是,每个儿童又是带着不平等的条件进入这个教育体制的,因此就可能出现一些实质性的不平等。我们还要看到教育本身也是有分层导向的,教育虽然可能促进了接受教育者的代内流动和代际流动,但是它并没有改变上、下层结构本身,因此有时它不仅没有促进社会公平的发生,甚至有可能固化了上、下层之间的差距。教育所导致的平等和不平等现象都是社会学研究的对象。

▶ 多一点乐趣

无疑,学校教育的"教",主要体现在知识的传授上。根据学生年级的不同,学生在学校要学习的学科种类也是不同的,主要涉及如下学科:语文、数学、英语、音乐、美术、体育和物理、化学、生物等涉及自然科学知识的学科,以及政治、历史、地理等涉及社会科学知识的学科。为了衡量学生掌握各学科知识的程度,考试已经成为当今学校教育管理的一个重要方式。

据考证,考试之法是中国人最先发明的。"考"与"试"是意义相近的两个概念,皆有考查、检测、考核等多种含义。西汉的思想家、教育家董仲舒将"考"与"试"二字连用。他在《春秋繁露·考功名》篇中写道:"考试之法,大者缓,小者急,贵者舒而贱者促。诸侯月试其国,州伯时视其部,四试而一考。天子岁试天下,三试而一考。前后三考而绌陟,命之曰计。"这里的"考、试"二字是考核政绩、测度优劣的意思。

用考试之法来选拔人才,也是我国古代官僚制度的一大发明。《礼记》中有,"大道之行也,天下为公。选贤与能,讲信修睦。"自古至今,我国"选贤与能",即选拔人才,不外乎有两种方式:一是通过推荐,二是通过考试。先秦时期提出了"尚贤"的英才治国论,孔子的弟子子夏提出了"学而优则仕"的主张。随着朝代的更迭,古代中国选拔人才制度越来越趋于体制化,于隋唐时期开始逐渐形成科举制。科举考试,通常分为地方和中央两种级别,即地方上的乡试、中央的会试与殿试。科举制,算得上是中国传统社会中比较公平的一种人才、官员选拔制

度了,因为科举制吸纳了很多身处下层社会的人才,从而推动了王朝的建设和发展,特别是唐宋时期,科举制的优势发挥到了极致。

由此可见,中国古代社会的考试之法,或者是用来考核官僚政绩的,或者是国家用来选拔人才的一种方式或制度,似乎它并不是像今天这样成为一种考核在校学生学习成绩的工具或手段。我们很多人经历过"两天一小考,三天一大考"的中考或高考之前的煎熬,频繁的考试,往往让那些学霸也疲惫不堪。学校如果滥用考试之法,就容易让学生产生厌考、厌学,甚至厌生的情绪和心理。

学校教育如果过分强调考试,将会戕害儿童发展过程中的天性。当学校、家长都习惯于"一切向分数看齐"时,学生的审美、运动的机会就会被那些考试拿分的课程代替。为了推进素质教育,一些部门不得不将体育课、艺术课纳入考试的范围,但是当我们看到"跳绳、跑步、跳远"被纳入了考核内容时,孩子们原本好动的身体,却被分数所禁锢。由此我们不禁要问,除了"分数"之外,孩子们的心灵是否会变得空无一物呢?

我们不反对考试之法,但是反对把考试之法过度地用到在校学生的学习过程中。尤其在小学、初中学习过程中,学校滥用考试手段作为管理学生学习的方式,在当代信息化、智能化的社会中,弊端越来越明显。"教育"由"教"与"育"二字构成,因此教育不仅在于"教知识、拿分数",更在于"育人以趣,育人以道"。《诗·大雅·生民》有云:"载生载育,时维后稷。"

幼儿园、学校应该成为孩子成长的乐园。学校教育不能把学生视为考试的机器,应该在学校教育中或者学校场域中增加更多的让学生感到乐趣的元素,助力学生成长。犹太人的智商表现突出,这应该和犹太人爱知识、爱读书有关。据说,犹太人为了让儿童对读书产生兴趣,当孩子懂事时,母亲就会将蜂蜜滴在书本上,让孩子去舔书上的蜂蜜,他们认为有必要让儿童感受书本的芳甜。可见,我们引导儿童爱读书,也需要甜味的刺激、乐趣的引导。

"育"在于教育氛围的营造、情操的孕育。我记得,在上学的时候,校长还亲自选一些传统文化的精髓——经典古文作为每天早上晨读的内容。我永远都记得几千个人在操场上一起诵读苏轼的《水调歌头》的场景。为了增加乐趣,校长还找到谱子,将《水调歌头》谱成一首歌。我们清晨一起唱着"但愿人长久,千里共婵娟"的样子真的很美。

我还记得我们学校有一个流动图书馆的活动。每当星期五的时候，老师就会抱着一堆书让大家选，那些书中有一本是歌德的《少年维特的烦恼》。在那个我们不知愁滋味的年龄，是学校教会我们要读书，读好书，读经典。

学校有意识地培养我们爱运动的好习惯。学校不仅表彰积极参加运动的班级，而且只要我们参加了每天的运动，就会奖励每人一朵小红花。每当下课时，我们学校土坯堆成的乒乓球台旁就挤满了人，我很幸运地学会了一些基本的球技。虽然我不能说自己很擅长体育运动，但由此我在未来的日子里养成了热爱运动的习惯。

"育"贵在培养生活的乐趣。每个星期五下午学校都会安排我们去上选修课。我们有各种各样的选修课，如围棋课、朗诵课、手工课、舞蹈课等。老师指导我们怎么做后，我们就开始自己动手实践。每个星期我们都很期待这一天的到来，而且难能可贵的是，老师对我们都很包容，所有的选修课都遵循着"可选、可退、可换"的原则。

▶ **没有围墙的在线教育**

孟子有"三乐"，其中之一就是"得天下英才而教育之"。《师说》大家也都耳熟能详，其中韩愈对"师"的功用做过经典的解释,所谓"师者,传道授业解惑也",老师的职责就是传以道、授以业、解其惑。教育,始终是人类社会发展的主要推进器。人类社会正在进入一个万物互联的智能化时代,未来的学校教育,又会是个什么样子呢?

"最好的大学没有围墙!"这是慕课(MOOC,Massive Open Online Courses)——一个网课网站的宣言。慕课,是新近涌现出来的一种大规模开放的在线课程。很多中国人有一个上一节清华大学、北京大学课程的愿望。慕课的初衷,是打破教育资源被垄断的壁垒,这样能够帮助更多有真正需要的学生,从而促进教育资源的流动。这个时代,网络使得信息传播变得更快,它为愿意学习的人们提供了海量的资源。无论人们想学什么,网上都能找到各种教程。

2020年12月11日,"网课"入选国家语言资源监测与研究中心发布的"2020年度中国媒体十大流行语"。2020年1月底,面对新冠肺炎疫情的复杂严峻形势,教育部下发通知,要求2020年春季学期延期开学。为保障"停课不停教、不停学",各级教育部门紧急动员,协调开放线上优质教育资源。与此同时,大中小学纷纷将课堂搬到网上,开启网上课堂模式。网课,一度成为师生交流的主要途径,上网课成为疫情防控形势下的教学新常态。

首先,疫情期间,网课极大地打破了时间和空间对人造成的各种限制。学生每天可以像往常一样上课,不受极端天气的影响。其次,很多学生不必整天在学校、教室待着,可以化零为整,利用碎片化的时间来学习。最后,网课时代之前的学习要花钱、花精力去买书和资料,现在可大不一样了,老师上课的视频、图片和资料可以在电子产品上反复观看,学生可以针对自己学习的弱项进行强化训练。可见,网课时代开启了一种新的教育模式。

当然,网课也会有一些负面影响。首先,不少期待同老师互动的学生不能与老师进行眼神交流,网课中师生之间的互动不如线下课程那么具有真实感。其次,不少家长、学生反映,很多学生在上网课时往往"挂羊头卖狗肉"地糊弄老师和自己。因为上网课时老师与学生之间的距离远,缺乏有效监督,再加上有些学生的自律性又差,因此教学质量无法保证。再次,以前老师上完课,学生还可以提问,给人的启发性更高。线上课程,学生与老师进行直接交流的机会大大减少。有些线上课程是录播课而非直播课,学生不能及时反馈学习中遇到的问题和困难。更为重要的是,人是社会性存在。德国社会学家格奥尔格·齐美尔认为,人类有一种纯粹而美好的社会交往需求,即社交。人具有的社会性需求,是不能够仅仅通过网络生活实现的,这也就决定了"有围墙的学校教育"存在的必要性。

总之,不期而遇的疫情,让各级教育管理部门和各大中小学,认识到网上教学的意义。正如恩格斯所言:"社会一旦有技术上的需要,则这种需要就会比十所大学更能把科学推向前进。"未来的学校教育,应该包括"有围墙的学校教育"和"没有围墙的在线教育"两种教育形式。"没有围墙的在线教育",是学;"有围墙的学校教育",是习。学,是既有知识的获得;习,是实践,是娱乐,是对已经学习的知识的进一步探索和运用。在网络教学的时代,"有围墙的学校"完全可以把自己变成一个更具诱惑力、更具想象力的巨大的运动场、试验室和娱乐场。在这里,学生将不再会产生厌学情绪,而是急迫地想把自己在线所学到的知识运用到运动场、试验室和娱乐场中去;在这里,同学之间、师生之间可以相互切磋、相互激扬,学生能够把个性完整地展露出来,将潜能充分地发挥出来。对于学生来说,"有围墙的学校"将是实现各自美妙梦想的地方,而不再是一个"考试的囚场"。由"没有围墙的在线教育"和"有围墙的学校教育"所构成的未来的学校教育,将真正实现孔子教学理念的伟大复归,即"学而时习之,不亦说乎"!

谈性说爱话家庭

> 爱情虽说是天赋的东西,但倘没有相当的刺戟和运用,就不发达。譬如同是手脚,坐着不动的人将自己的和铁匠挑夫的一比较,就非常明白。
>
> ——鲁迅

关于性、爱以及家庭,自古以来,有许多美丽的传说,诸多的假设与研究。这些研究中,便有性社会学、爱情社会学以及家庭社会学。

▶ **性、爱与婚姻**

提起家庭,我们不得不提到性这个话题。子曰:"食色,性也。"但性往往又是大家聊天时都尽量避免的话题,这就是所谓的"谈性色变"吧。但是从正统意义上来讲，家庭的维系是依赖血脉继承的，血脉的继承是需要生孩子的。家庭的延续、孩子的生育是无法避免"性"这个生物性事实的。

小孩子常常喜欢提出"十万个为什么"，其中有一个问题往往弄得家长一时语塞，那就是："妈妈，我从哪里来的？"小孩子的父母，大部分不愿意正面回答这个问题。孩子得到的答案往往是五花八门的，有的是充话费送的，有的是从垃圾桶里面捡的。"从哪里来的？"乍一听是一个哲学问题，再思考一下，它首先是一个生物学问题，现在我们试着从社会学的角度来解释这个问题。

一个家庭的诞生，按照生命周期理论来说，其节点是从第一个孩子的诞生算起。一个孩子的诞生，是无数个精子在卵巢中赛跑的结果。中国人一直受传统思想观念的影响，在性观念上比较保守。我希望，孩子的第一节性教育课是在家上的，而不是在生物课上。当我上大学时，我的一个研究性社会学的老师拿着一根香蕉和避孕套严肃地跟我们说："我来弥补你们多年前落下的一课。"那一刻我才认识到这个问题是多么重要。

在父母发生某种关系之前，父母经历了一个漫长的

相识、相交、相爱的过程,我们称之为恋爱。提及恋爱,我们就不得不讨论,千千万万人追求的东西——爱情。人们常常会把孩子叫作"爱情的结晶"。

爱情是什么?古人的爱情是"山无陵,江水为竭,冬雷震震,夏雨雪,天地合,乃敢与君绝",亦是"执子之手,与子偕老"。但是,陆游和唐婉最后就范于权威,林黛玉最后还是没有嫁给贾宝玉。对于古典式爱情来说,爱情就是两个人彼此相悦,因相互依恋生情,因情而生爱,因相爱而想相伴终生。现代人相信一见钟情,但也有许多大龄青年为频繁相亲而苦恼。还有人说爱情是始于颜值而终于人品,也有人从生物学角度解释爱情是肾上腺素的上升。你更喜欢哪一种爱情观呢?

那么,爱情到底是什么?社会学学者会用罗伯特·斯滕伯格的爱情三角理论来解释。斯滕伯格是美国著名的心理学家,他认为爱情遵循着爱情三角理论(图4)。这个理论是指,爱情由三个基本成分组成:激情、亲密和承诺。激情,是指爱情中的性欲成分,是情绪上的着迷;亲密,是指在爱情关系中能够引起温暖的体验;承诺,是指维持关系的决定期许或担保。然后,他又将爱情按照这三种成分的多少,将爱情分成了八种类型,分别是:无爱、喜欢式爱情、迷恋式爱情、空洞式爱情、浪漫式爱情、伴侣式爱情、愚昧式爱情、完美式爱情。

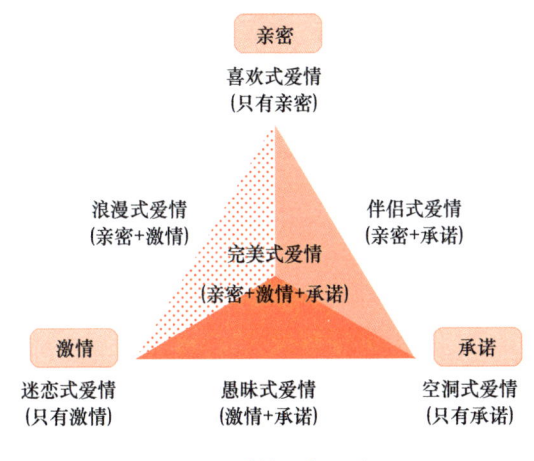

```
                    亲密
                喜欢式爱情
                 (只有亲密)

    浪漫式爱情              伴侣式爱情
   (亲密+激情)             (亲密+承诺)
              完美式爱情
           (亲密+激情+承诺)

  激情                            承诺
迷恋式爱情      愚昧式爱情      空洞式爱情
(只有激情)     (激情+承诺)      (只有承诺)
```

图 4　爱情三角理论

▶ 变化中的家庭

如果提到家庭,你会想到什么?你会想到的是一座房子,还是一户人家?想到的是曹禺先生的《雷雨》,还是杨绛先生笔下的《我们仨》,或是巴金先生三部曲之一《家》?不同的作家,笔下的"家"是不同的,有的是不幸的,有的是幸福的。这大抵与列夫·托尔斯泰在《安娜·卡列尼娜》中写道的一般:"幸福的家庭都是相似的,不幸

的家庭各有各的不幸。"

"家",从汉字结构上来理解的话,它的上部"宀"具有遮蔽功能,家庭就像一把伞,为家庭成员遮风挡雨;下部"豕",就是猪,说明家还具有一定的生产力功能。随着时代的日新月异,人们对家庭有了不同的理解。社会学创始人孔德认为,家庭是社会的基本单位。家庭的概念也在不断地发展变化。现代西方社会学学者将家庭分为如下几种类型,分别是异性家庭、同性家庭、重组家庭、单亲家庭等。为了更好地理解现代家庭,有的学者将家庭分为联合家庭、核心家庭、单亲家庭、重组家庭。

过去的中国家庭形式很单一,一般都是联合家庭。联合家庭又叫作多代家庭,就是一个家庭中有好几代人住在一起,一般是两代以上的夫妇及其子女所组成的家庭,包括已婚的同胞兄弟在内。过去强调"多子多福",一对夫妻会生很多孩子,但是,很多大家庭都会经历"分家"的过程。

现在的家庭大多是"核心家庭"。核心家庭包含一对夫妻和他们的子女。核心家庭与"联合家庭"相比,关系比较简单,没有那么多矛盾和冲突。自从中国施行计划生育政策以来,独生子女的家庭逐渐增多。一方面是由于我国人口基数较大，为了控制人口，1982年，我国制定了"计划生育政策"。另一方面，当下的生活压力越来越大且生活成本逐渐提高，这使得"二胎"政策遇冷。相对于有多个子女的家庭，独生子女家庭有很多弊端：首先，独生子女家庭中的孩子面临着多个家长的溺爱。其次，独生子女结婚时，如果对方也是独生子女的话，那么就意味着一对夫妻要赡养四位老人。

单亲家庭，一般人凭直觉认为它就是离异家庭，但是随着家庭、社会结构的多元化发展，家庭可能因为各种因素而成为单亲，如离婚、配偶死亡、甚至未婚先孕等。单亲家庭的特点是人数少，结构简单，家庭内只有一个权力中心，经济来源往往相对不足。

重组家庭，指夫妇双方至少有一人已经历过一次婚姻，并可能有一个或多个前次婚姻的子女及夫妇重组的共同子女。重组家庭的特点是人数相对较多、结构复杂。

不同类型的家庭对孩子的影响也是深远的。父母的教养方式，对孩子的语言、思维以及行为有着深远的影响。美国心理学家戴安娜·鲍姆林将家庭教养的方式划分为四种类型，分别是权威型、专制型、溺爱型、忽视型。

➡ 权威型的教养方式

这种教养方式对孩子行为有合理要求的同时也有商量的余地,父母会认真听取孩子的想法。在这种环境下成长的孩子有机会表达自己对事物的态度和看法,能够很好地发挥积极性,更自信、健康、积极向上。

➡ 专制型的教养方式

专制型的教养方式是一种"家长即权威"的教养方式。父母希望孩子无条件地服从自己的要求,没有商量的余地。在这种环境中成长的孩子易于产生逆反心理,会压抑其真实的想法和欲望。

➡ 溺爱型的教养方式

在溺爱型的教养方式下,家长比较纵容孩子。在这种家庭环境中的孩子处于"要风得风,要雨得雨"的状态。这种教养方式给了孩子太多权利,而且削弱了父母作为主导者的权利。这种环境中成长的孩子会变得自私,没有同情心,不会关心他人。

➡ 忽视型的教养方式

当孩子兴高采烈地向父母诉说一些事情的时候,父母总是漠不关心。他们对孩子的照顾只停留在物质的提供上，而非精神的支持上。对于孩子来说，精神的滋养也是非常重要的。在忽视型教养方式下长大的孩子，在对自己的控制力以及对社会的适应能力上会比较弱。

▶ 婚姻与家庭的未来

婚姻是什么？是爱情吗？是经济结盟吗？是两颗孤独的心抱团取暖吗？对于一些人来说，婚姻不过是一茶一饭，一粥一菜，与一人相守。有人认为，婚姻是将爱情熬成了亲情。功利主义者会说，婚姻是联盟，它具有很强的工具性。

在任何时代、任何国度，总是有那么一些人不愿意选择婚姻。在当代社会，这种单身的趋势日益明显。当下的科技已经发展到制作"性伴侣"机器人的水平，在科技更发达的未来，这种技术应该会日臻成熟。那么未来的家庭，会是什么样子呢？你是否也认为，未来的人不再依赖婚姻的某种传统形式呢？

在未来，丁克家庭是否会继续增加呢？丁克家庭，就是没有孩子，只有夫妻的家庭。自20世纪80年代起，丁克家庭悄悄在中国出现。当时这样的家庭会被人议论，

甚至是被人怀疑有"生理问题"。现在，这种家庭已经开始被人们理解和接受。丁克家庭的成员一般是中产阶层，有稳定的收入，消费水平也很高。他们认为养育孩子是一件非常麻烦的事，会妨碍夫妻的生活。也有人认为，生孩子会降低自己当下的生活质量。

关于婚姻，我们也有很多疑问。"婚姻就像围城，外面的人想进来，里面的人想出去。"这句话是钱钟书先生《围城》书名的来源。我原想钱先生的婚姻必然是不幸的。然而，小说是小说，现实是现实。钱先生和杨女士一直相濡以沫。钱先生曾写下："从今往后，咱们只有死别，再无生离。"杨先生也写道："我上清华，一为读书，二为钟书。"于我们而言，婚姻是彼此需要时的相助，是成长路上最好的助手。婚姻应该是使得彼此成为最好的自己的场域。

未来已来，未来又很长。我们还是应该相信未来，相信婚姻，相信有爱的婚姻，相信人类还会绵绵不绝。

社会的流动性

流水不腐，户枢不蠹，动也。

——《吕氏春秋·尽数》

个人收入、社会财富、社会分层、社会流动以及社会福利等问题，一直以来都是社会学研究的焦点。一个社会的贫富差距有多大？社会地位的开放性如何？社会福利如何构成？对这些问题的研究和分析可以让我们知道现代社会的运行状态是否健康。

▶ 财富、权力与声望

依据国家统计局网站上的资料，2020年我国居民人均可支配收入（税后）：全年约为3.2万元，平均每月约为2 680元。如果你月收入在1万元以上，你就已经进入全

国3％的高收入人群行列。为什么人们在财富、声望、权力等方面会表现出巨大的差异呢？

财富泛指一切有价值的东西，这里是指一个人或者一个群体所拥有的全部财产。收入，这里指的是一个人或一个群体在正常情况下的货币获得量。财富、收入影响着一个人在社会中的地位及其后代的成长发展。在《我们的孩子》一书中，美国哈佛大学教授罗伯特·帕特南生动地展示了穷孩子与富孩子在成长过程中的巨大差异。他和他的团队追踪访问了生活在美国各地的107位年轻人，探究贫富分化是如何影响下一代人的。较富裕的家庭不仅能给予孩子更多的引导，还能为其提供更好的资源；而出身寒门的孩子，不仅过着"穷"生活，还有可能在成长过程中无法得到父母的关爱，无法与富人孩子一样拥有平等的机会与资源。

在人类社会快速发展与进步的今天，依然有许多人遭遇着贫困。贫困，是指人在物质资源方面处于匮乏的一种状态，不能满足基本的生活需要是贫困的典型特征。也许，对于个人而言，贫困是一种感受，可以具体为食不果腹、生活拮据的生存状态。对于社会而言，贫困则是社会问题，是社会学家致力于解决的人类困境。在社会学中,贫困的标准可以是绝对的,也可以是相对的。绝对贫困是确定一个地域中个人或者家庭不能维持最低生活水平的收入线,收入线以下的人们属于贫困人口;相对贫困是把社会成员中一定比例的人口看作是贫困的,比如一个人的收入水平远低于社会的正常水平,那么他就处于相对贫困的状态。虽然所有人都希望拥有财富和收入,希望努力后获得相应的回报,但是总有一些人比其他人获得的多,如此便产生了贫富差距,而财富和收入的差距也将导致权力与声望的差异。

不是所有的富人都拥有权力,也不是所有的有权者都富有,但财富与权力之间的确存在着密不可分的关系。社会学家把权力理解为被个人或者群体控制,可以影响他人的能力,不管他人是否愿意合作。权力是一种比财富和声望更难以测量的变量。比如现代社会中存在着"拼关系""走后门"的现象,就是用财富购买权力的例子。

声望,则是一个人从别人那里获得的良好评价与社会承认,比如名誉、尊重、钦佩、荣誉等都是声望的表现形式。声望的获得有多种途径,如勇敢的抗疫英雄通过专业技术与伟大的品格获得了声望,一些富人通过投身慈善事业获得了声望。

总之,财富、权力与声望,这三者之间密切相关,它们的共同作用决定了人们在社会中的地位等级。

▶ 泰坦尼克号中的社会分层

1912年,当时世界上体积最庞大、内部设施最豪华且拥有"永不沉没"美誉的泰坦尼克号游轮,在与冰山相撞后永久地沉没于大西洋深处。在巨轮即将沉没且救生船数量不够的情况下,泰坦尼克号上面的乘客遵守了"优先救助妇女儿童"的社会规范,使69%的妇女和儿童活了下来。灾难来临时,大部分乘客仍能优先保护弱势群体,这样的举动感动了很多人。但实际情况是,这艘豪华游轮的内部存在着明显的社会分层:头等舱乘客基本是上流社会的人,二等舱乘客大多是中产阶级的职员和商人,三等舱及以下主要是贫困人群和移民。有些研究按照客舱等级计算了泰坦尼克号的生还率,发现头等舱的生还率是60%,二等舱的是44%,三等舱的是26%。其中,头等舱中男性乘客的生还率甚至高于三等舱中儿童的生还率。泰坦尼克号的故事,也从侧面反映了社会分层导致的不平等,这种不平等涉及人们的财富、声望和权力等多个方面。

社会分层,是一种根据获得有价值物的方式来确定人们在社会中的群体等级或类属的一种持久模式。虽然，对平等的不懈追求一直是人类社会的理想，但是我们也不得不承认，任何社会都存在着分层，这种分层的背后就是社会系统中各个层面的不平等。关于社会分层的起因与运行机制，社会学家大致分成了两个流派。

以美国哈佛大学著名学者金斯利·戴维斯和威尔伯特·莫尔为代表的社会功能主义理论家认为，一定程度的社会不平等是维持社会正常运行的条件，是不可避免且必要的。他们的观点是基于这样的社会现实：任何一个社会中都会有一些工作是比另外一些工作更重要的，比如医生、军事家、律师等，这些职位对于社会的良性发展是具有更加重要的作用的。当然，他们也不是否认其他职位对社会发展的重要性，只是认为其他职位的人如果没有足够的能力的话，对社会的影响就没有那么大。这个观点虽然有自身的道理，但也遭受了严厉的批判。

以美国社会学家科瑟尔和德国社会学家达伦多夫为代表的冲突论理论家则认为，不平等是由处于社会上层的人们对处于社会下层人们的剥削导致的，是极不公正的。社会中的上层群体可以决定哪些人占据更有优势的职位，哪些人可以获得更高的报酬，而这背后隐藏的本质

就是上层群体对下层群体的剥削。正如马克思的观点，资本主义社会的需求物品的分配主要是以阶级为基础的权力不平等的结果。后来冲突理论家对马克思的相关理论做了修正，在承认分层体系对上层群体更有利的前提下，把分层体系中经济以外的因素也纳入考量的范围，如年龄、性别、种族等。

社会学家总结了历史上主要的几种社会分层类型，奴隶制、等级制和种姓制。奴隶制的本质是一些人对另一些人的占有，奴隶本身属于一种商品；等级制是封建社会的产物，它把人划分为不同等级的群体；种姓制是把人的出身作为分层的决定依据，主要存在于印度的传统社会中。以上三种分层类型拥有严格的界限，不同层级的群体在财富、声望、权力等方面存在巨大的差异，而且各层级之间的相互流动是非常困难的，不同层级之间通婚也是不被允许的。随着社会的进步，社会分层制度也在不断变化，现代社会中最常见的分层类型是阶级制度。

马克思以对生产资料的占有方式来划分阶级。生产资料是财富的源泉，上层阶级拥有并控制着生产资料，对下层阶级进行剥削。所以马克思认为，阶级之间的矛盾与冲突是不可避免的。社会学家马克斯·韦伯则把财富和收入(经济地位)、权力(政治地位)与声望(社会地位)看作分层制度的三个维度,阶级之间的关系不一定表现为冲突,也可能发展为依赖与合作的关系。

▶ 阶层固化会阻碍社会发展

社会学把由经济、政治、社会等多种原因而形成的,在社会的层级结构中处于不同地位的社会群体称为社会阶层。

在《中国绅士》一书中,张仲礼先生阐释了传统中国社会绅士阶层的概况,以等级为基准将绅士阶层划分为上、下两大集团,对各集团的内部构成也做出了明确而详尽的划分。这样的一个特殊阶层,有其自身的职责(如参与公益活动、排解纠纷、兴修公共工程、济贫等)的同时,也有着一定范围的特权。作为地方领袖,绅士既是本地利益的代表,也是政府职能的延伸,担任着官员与百姓之间中介人的角色。

在当代中国,我们似乎很难找到一个与19世纪的绅士群体对应的阶层,但是,我们可以看到绅士制度中的不平等现象依然存在,并且在社会流动的过程中显现出越来越大的影响。其实,社会分层并不可怕,因为完全的平

等毕竟是一种理想状态,可怕的是社会阶层的固化。一些社会学的研究认为,目前社会存在着社会阶层开放程度下降的趋势,有的研究则给出阶层固化的预警。这些社会学研究表明社会阶层出现了某种封闭的趋势,需要调整相应的社会政策。

我们时常用"开放社会"或"封闭社会"来形容社会阶层的流动程度。开放社会依赖自致性身份地位,而封闭社会更依赖先赋性身份地位,如曾经种姓制度盛行且严厉的印度社会,就是封闭社会的一个典型例子。但是,完全开放或完全封闭的社会,都是一种理想状态,是不存在的。任何人类社会,各个阶层之间都会存在相互移动,这就是"社会流动"。社会阶层是需要流动的,这种流动是指一个人、一个群体从一种地位或社会阶层向另一种地位或社会阶层移动。社会学家通常将其划分为两种流动形式:一种是"代际流动",是针对父母的社会地位与其后辈所获得的社会地位而言的,比如父辈的财富、地位等处于社会中较低的水平,其后辈经过努力或者抓住某种机遇后拥有了大量的财富或较高的社会地位;另一种是"代内流动",是指个体在一生中社会地位的变动,比如一个人出身于较低的社会阶层,但由于头脑聪明、吃苦能干而逐渐变得富有。

社会流动少了，就可能产生社会阶层固化。社会阶层固化，就是人们从一个社会地位向另一个社会地位移动的可能性减小了，流动变得更困难了，以至于逐渐固着于原有的位置而没有变化。阶层固化，就是各阶层之间流动受阻的情况。在中国古代社会，科举制的兴起，就是提升社会流动率的一个重要举措。寒门学子可以通过科举考试的途径取得功名，实现向上的阶层流动。当代中国的高考制度，也在很大程度上促进了社会流动，学生可以通过考取名牌大学找到更好的工作，取得更高的成就，这也使得许多家庭实现了代际流动。然而，随着社会的快速发展，社会阶层流动已经呈现出代内流动性减弱、代际继承性加强的趋势，如"官二代""富二代"等名词都是阶层固化的表现。

▶ 个人失业与社会失业率

在农业社会中，当一个人进入劳动年龄之后，他就会自然地去耕种、劳作，这便是自然就业，所以当时的就业属于家庭功能的范畴，而不需要国家或社会承担与管理。人类进入工业社会以后，人与土地的依附关系逐渐分离，自然就业不能满足人们的生产需求，家庭的就业功能转移给了社会。一定的社会机构负责组织人们参与劳动，

实现就业,而当人们不能通过劳动获得生存必需的资料时,就业问题开始成为一个社会问题。

当代社会中,稳定的工作成为大多数父母对孩子就业的普遍期待,公务员、教师、国企职员等职业较受欢迎。然而,并不是所有有着劳动能力的人都能实现稳定的就业,一部分人仍从事着临时性工作。随着劳动力市场竞争日益激烈,毕业生人数逐年上升,可供求职的岗位却仍然紧缺,劳动力市场呈现出供求失衡的紧张局面。

就业,是一种经济现象,更是一种社会现象。它不仅有推动经济发展的作用,而且对维持社会稳定有重要的贡献。从社会学的角度来看,劳动就业可以创造财富,满足人们的物质生活需要,而且,就业可以为社会发展创造条件,维持社会秩序的稳定。就业赋予人在职业体系中的角色定位,这种定位也是其社会角色的一种体现。如果一个具有劳动能力的人不能参加劳动就业,那么他就失去了扮演重要社会角色的机会,失去了发展自己的机会。

失业,是具有劳动能力的人找不到工作岗位,无法实现自己拥有的劳动力的价值,劳动力资源处于闲置状态的现象。当一个人面临失业时,这是他的生活状况出现了问题；而当一群人面临失业时，这就是一个亟须被关注的社会问题了。

失业包含两种形式：一种是人处于待雇状态，是有劳动能力的人因为种种原因而失去原有的工作岗位的状态；另一种是人处于待业状态，是新成长起来的劳动力未能实现就业的状态。如今，我们经常在新闻上看到毕业生找工作难等相关报道，还有部分用人单位在招聘时主张男士优先，这些都是人们在就业过程中遇到的不平等对待。这些不平等的存在就会导致社会性的失业问题。

失业的原因是多种多样的，可能是个体自身的原因，也可能是社会、经济、文化的原因。社会学则期望从更广阔的视阈看待失业问题，比如关注失业的社会结构、社会制度，以及失业对失业者社会地位及行为的影响等。失业必然对当事人和社会都产生消极影响，在限制了失业者对生活资料获取的同时，也对家庭的正常运行产生影响。在失去就业机会的同时，失业者也被剥夺了更广泛参与社会的机会，劳动力资源出现了闲置和浪费。失业是不幸的，但完全没有失业只是一种理想状态。在任何社会中，出现一定的失业现象都是正常的，把失业率控制在正常范围内并不会阻碍社会发展。

▶ 可享受无穷之福利乎？

社会保障制度，是现代社会的重要制度之一。社会福利，是现代社会保障制度的组成部分，旨在提高全体国民的生活水平和生活质量。什么是社会福利呢？"福利"的本义是幸福和利益。中国汉代思想家仲长统在《昌言·理乱》中提到的"擅无穷之福利"，唐代韩愈在《与孟尚书书》中提到的"何有去圣人之道，舍先王之法，而从夷狄之教，以求福利也！"等就是这个含义。

社会福利的雏形，源于原始社会救助与关爱老弱病残者的习俗。到了文明社会，社会福利与社会慈善救济在同一源流中得以不断发展。现代国家逐渐发展出"剩余型""普遍型""多元型"等不同类型的社会福利制度。19世纪后期，随着欧洲工业革命的发展，一些社会改良主义学派倡导"社会福利"的思想，主张为贫困的劳动者和失业的穷人提供改善他们生活的社会福利。20世纪初叶，福利经济学理论形成，英国经济学家庇古的"最大福利原则"思想对西方国家的社会福利政策产生了深远的影响。1935年，美国通过综合性的《社会保障法》，以及第二次世界大战期间英国发表《贝弗里奇报告》，都使得20世纪40年代后期到70年代成为西方普遍型社会福利制度发展的鼎盛时期。在20世纪70年代以后,社会福利支出日益膨胀,给政府带来了沉重的负担,西方各国政府开始探索社会福利制度改革的途径,多元型福利制度的设计思想也应运而生。

我国的社会福利制度在新中国成立之初,是把对社会孤老残幼的福利收养保障与社会救济工作归并在一起开展的。最初的社会福利性收养机构是各地人民政府。20世纪50年代中期,民政部门社会福利与社会救济工作分流,社会福利成为一个独立的保障系统。1950年6月,我国颁布了《中华人民共和国工会法》,同年召开了全国第一次工会俱乐部工作会议,制定了工人文化宫、俱乐部组织条例和工作条例。到1957年底,全国各项职工福利制度与福利设施已逐步建成。到1965年底,我国初步形成了全国的社会福利事业机构网。自此以后,我国的职工福利制度虽有调整与变化,但大的格局基本没有改变。

随着社会主义市场经济的进一步发展,当前的社会福利已经无法满足市场经济进一步发展的需要,为实现社会福利同社会主义市场经济的协调发展,必须对社会福利制度进行改革,最大限度地满足人们日益增长的福利需求。社会福利涉及人们的主观感受和实际的生活状态,与各种社会保障和社会服务紧密联系,与人们的幸福

息息相关。可以说，社会福利处于社会保障体系中的最高层次。

在日常生活中，我们享受的福利形式是多样的，包括学生学校伙食补贴、城市公交补贴、高温补贴、就业指导、廉租房等。按享受对象类别来划分，社会福利可分为以下几种类型：为全体社会成员提供的公共福利；为本单位、本行业从业人员及其家属提供的职工福利；专为老年人提供的老年福利；为婴幼儿、少年儿童提供的儿童福利；为妇女提供的妇女福利；为残疾人提供的残疾人福利。

我国现行的社会福利制度是一种狭义的社会福利制度。它是指国家、社会和企事业单位，为各类特殊的社会弱势群体和本单位职工提供的福利性收入与服务保障。它主要由两部分组成：一部分是企事业单位包括国家机关为本单位职工提供的"职工福利"；另一部分是由国家民政部门为社会上特殊弱势群体提供的"民政福利"。在实际操作中，"民政福利"又常被称作"社会福利"，而它实际上只是我国社会福利制度中的一部分。

西方发达国家的社会福利主要指的是广义的社会福利，其覆盖的对象是全体国民，提供的福利既包括物质生活方面的福利,也包括精神生活方面的福利。社会保障与社会工作服务体系称为"社会福利"制度。约翰逊将西方提供社会福利的部门分为四个部分:国家部门提供的直接和间接福利;商业部门提供的职工福利以及向市场提供有营利性质的福利;志愿部门,如自助组织、互助组织、非营利机构、小区组织等提供的福利;非正规部门,如亲属、朋友、邻里提供的福利。

就受益的范围来说,社会福利可以分为普遍性社会福利和选择性社会福利。普遍性社会福利以普遍性为基础,体现普遍性社会原则,倾向于不加区别地给某些社会群体的所有成员提供相同的福利待遇。选择性社会福利,以选择性为基础,体现社会特殊关照原则,首要关照社会特困人群。就施行的效果来说,它们各有优缺点。前者的优点是保障人群广泛,防患于未然,操作简便,行政成本低,促进社会整合,减少社会矛盾,降低"贫困烙印"。后者的优点是提高社会政策行动效率,避免或减少福利资源的无效使用,减轻政府的财政负担,也能保证经济上的扩大再生产顺利进行,减少普通人对福利的依赖,专门针对困难者的福利供给可以收到较好的再分配效果。普遍性社会福利的缺点是福利开支巨大,增加了政府的财政负担,不利于经济领域的扩大再生产;效率和效

果难以保证,会导致福利资源的浪费,可能造成福利依赖的结果;等等。选择性社会福利的缺点是行政成本高,可能导致福利资源的无效使用,以及一些真正需要帮助的人被排除在外;较难避免"贫困烙印"现象,给受助者带来污名;操作起来复杂;等等。

探索中国特色的社区建设

> 在更狭窄及更严格意义上,所谓的社会生活只能从共同愿望即从相互的肯定中推导出来。
>
> ——斐迪南·滕尼斯

社区是微型的社会,也是我们日常生活、行使民主权利,以及参与志愿行动的地盘。人栖居在社会之中,但是对于大部分人来说,社会是看不见、摸不着的。正是基于这种事实,社会学理论中存在着社会唯名论与社会唯实论的争论。主张社会唯实论的社会学家认为社会是一个实体,是一种不依赖于个体的客观存在;主张社会唯名论的社会学家认为社会是众多个体的集合,只是一个暂时的被抽象出来的名字而已。对于日常生活中的个体来说,我们身处的是社区。建设一个美好的、人人乐居的社

区,关乎每一个人的幸福感,也是探索中国特色社区建设的首要问题。

▶ 从社会人到社区人

1948年10月,费孝通先生在《社会研究》第77期上面发表了《二十年来之中国社区研究》,这篇论文当中提到了Community的确切译法为"社区"。应该说,"社区"这一译法最接近西方人对Community原本意义的理解,且符合汉语的表达习惯。费孝通先生用"社区"去翻译Community,得以把共同体与地方两个基本要素有机结合起来。

社区的概念是由德国社会学家斐迪南·滕尼斯首先提出来的。在滕尼斯看来,"社区"是指那些有着相同价值观、人口同质性较强的社会共同体,社区中的人们具有独特的人际关系,比如亲密无间、守望相助、服从权威且具有共同信仰和共同风俗习惯等,这种共同体关系往往是由传统的地缘、血缘、文化等自然生成的。

社会学家对社区定义的研究保持着较为持续的兴趣。1936年,美国芝加哥大学社会学系教授罗伯特·帕克在对社区的研究中,试图从基本特点上对社区下定义。

他认为,社区的基本定义可以概括为按照区域组织起来的人口,这些人口不同程度地与他们赖以生存的土地有着密切的联系,生活在社区中的每个人都处于一种相互依赖的互动关系中。1955年,美国社会学家希勒里通过对社区有关文献的研究和统计,发现共有94种社区定义。在此基础上,他自己也给出了一个较为简单的定义,即社区是指具有一个或更多共同性要素以及在同一区域保持社会接触的人群。可以看出,希勒里的社区概念包括社会互动、地理区域和共同关系三个特征。1981年,美籍华裔教授、社会学家杨庆堃统计发现,有关社区的定义已经增加到140多种。这一方面反映了社会学界对社区重要性的关注程度,另一方面也说明了在不同的历史阶段、不同的国家、不同的文化背景下,社区是多元化发展的,没有单一的模式可循,没有一成不变的社区。

社区,不同于我们日常所说的国家、城市以及社会群体的概念。首先,社区不同于国家,"国家"属于政治学范畴,是阶级斗争的产物。国家,拥有特定的空间地理要素,始终是与"主权不可侵犯"的要件紧密联系在一起的。"社区"属于社会学范畴,早在私有制出现之前人类就已经生活在一个共同体中,即社区之中。社区的地理要素,只是自然的、人文区位的和行政管理界限的反映。因此,

"社区"和"国家"是完全不同的两个概念和范畴,两者不能画等号。

其次,社区不同于城市。城市是相对于"乡村"的一个概念。与"城市"概念不同的是,"社区"既可以坐落于乡村,又可以坐落于城市,两者具有一定的交叉性。因此,不能将"社区"的内涵与外延和"城市"等同起来。

最后,社区不同于社会群体。"社会群体"是指一定的社会关系联结起来的人类集体生活的共同体。社区内的社群是社会群体的组成部分,而社区是地域性鲜明的共同体。因此,人们在住宅、居住环境、卫生等方面的社区需求以及由此形成的社区关系,社会群体的概念是无法取代和覆盖的。

可以把社区理解为,由一定数量的居民组成的、具有内在互动关系和文化维系力的、地域性的生活共同体,地域、人口、组织结构和文化是社区构成的基本要素。我们居住在社区中,在社区中与邻居、同辈等接触、互动,在社区中实现自己生老病死。虽然"我们都是社会人"这句话是没有问题的,但是"我们都是社区人"则更为准确。

总之,改革开放以前,我国的社区在社会生活中处于边缘和次要地位,严重缺乏独立自主的社会空间。改革开放以来,伴随企业改革,部分社会福利职能转移到社区,社区服务逐渐兴起并蓬勃发展,社区建设运动与政策制定方兴未艾,社区概念逐渐进入普通百姓日常生活,社区、社区服务与社区工作成为公共话语和专业术语中的流行概念。与此同时,在史无前例的社会结构转型与政治、经济、文化力量的共同推动下,国家与社区关系正在逐渐形成,地域社区、功能社区成为观察和分析中国社会结构变迁的最佳视角。中国社区在社会生活中的地位开始由边缘转向中心,国家与社区关系逐渐形成并成为社会结构中举足轻重的社会关系。

▶ 小小社区功能多多

社区建设是社会建设的重要内容之一。现代社区具有多元化的社会功能。

社区,具有社会服务的功能。社区服务是一个综合性概念,是指在政府的资助下、政策的扶持下,根据居民的不同需求,由社区内或介入社区的各种法人社团和机构以及志愿者所提供的具有公益性质的社会服务。这种公益性质的社会服务,主要表现为无偿性的服务,以及不以营利为目的的微利、微偿性的服务。狭义的社区服务,主要指面向残障人士、老年群体、妇女与儿童、处于困境

中的外来人口等弱势群体以及社会边缘群体所提供的帮助和服务。广义的社区服务,除上述服务工作之外,还包括面向社区全体居民所提供的公益性服务,如公共卫生服务、就业指导与职业培训、文化休闲活动的组织等。在社区的各项社会功能中,社区服务是现代社区最基础的、也是最重要的社会功能,这种公益性的社会服务,受益者是包括社区中的各类弱势群体和边缘群体在内的全体居民。对于社区居民来讲,公益性社区服务与自己的生活方式和生活水平有着最为直接的联系。

社区服务是我国改革开放以来探索的一条贴近百姓、服务居民,促使广大居民安居乐业的社会化服务新路子。一些社区,在社区服务过程中推广网格化管理和组团式服务。所谓网格化管理,就是根据属地管理、地理布局、现状管理原则,将管辖地域分成若干网格状单元,对每一网格实施全覆盖、全方位、全过程的动态管理。组团式服务,就是根据网格划分,整合辖区公共服务资源,组织服务团队,对网格内的居民进行多元化、精细化、个性化服务。近年来,国内一些社区创造了很好的社区服务方式,比如大力提倡"零距离"服务,以便更好地施惠于民。零距离服务包括:在服务感情上的距离为"零",社区工作人员与社区的服务对象之间建立起友谊、培养好感情;在服务空间上的距离为"零",社区工作人员变"被动"服务为"主动"服务,变"找上门"服务为"上门找"服务,把服务送到社区单位和居民家中;在服务时间上的距离为"零",社区工作人员根据社区服务对象的需要,随叫随到,及时提供优质服务。

当前,随着我国经济的发展,生活方式、社会组织形式和就业形式的日益多样化,越来越多的"单位人"转为"社会人",大量退休人员、下岗失业人员和外来务工人员进入社区。社区居民的物质、文化、生活需求日益多样化、多层次化,社会经济的发展和居民的多方面需求给社区服务提出了更新、更高的要求。通过社区服务,社区成员拥有更多的公共服务,享有更多的社会福利和闲暇时间,居于社区且乐于社区。

社区,具有促进人的社会化的功能。人的社会化,反映了个人与社会之间的关系,也指作为生物体的自然人逐步成长为社会人的过程。通过这个过程,个人不断地学习和掌握社会生活的经验、技能和社会规范,扮演与自己成长阶段相适应的社会角色,而社会文化也得以传承和发展。人的社会化大致可以划分为早期社会化和继续社会化两个阶段。早期社会化是指儿童和青少年时期的

社会化,是个人学习社会生活,接受社会规范,健全个性与人格,融入社会关系体系的初始阶段。继续社会化是指成人阶段不断社会化的过程,是成人适应社会生活变迁、调整社会关系、提高生存能力、扮演新的社会角色的过程。社区现阶段一直是人的社会化最重要的载体和场所:人的早期社会化的场所主要是社区,与人接触、面对面地学习社会经验、知识、规范,如学习自己父母和其他家庭成员的语言和行为,了解亲戚、邻居传递的社会信息,以及自己在社区内幼儿园和学校的生活和学习。人的继续社会化过程中,社区也是重要的载体和场所之一。社会的进步、新的生活方式、新的价值观、新的社会生活产生的知识和技能,必然不同程度地反映到人们社区生活中来,影响和改变着社区的组织、社群、家庭和文化,并通过社区的这些要素及其变化影响着人的继续社会化过程。社区是人的再社会化过程(通常指曾经违法、犯罪的社会成员重新融入社会、回归社会的过程)不可或缺的重要场所。当某些违法分子或犯罪分子从监禁机构出来后,他们都有一个回归社会、被社会重新接受的"过渡期"。在这个过渡期,社区无疑是再社会化的重要载体和场所,而社区帮教、社区矫治则是再社会化较有效的方法。

社区,具有社会参与和社会民主的功能。其基本含义是指社区为居民参与社会事务提供了区域和场所,为居民参与民主建设与民主管理提供了机会。同时,社区发展也依赖居民的社会参与和民主管理。居民参与社区的公共事务,实际上就是在社会领域里从事民主建设、民主管理的实践。对政府来说,居民参与社区的公共事务,可以增强居民对政府的信任和支持,有利于政府制定的社区政策的实施,也可以将社区潜在的资源发掘出来,使之成为现实的人力资源和智力资源,从而转化为社区建设的动力。对居民来说,居民参与社区的公共事务,可以培养健康的社区意识和公益精神,增进居民相互间的关怀和情感交流,也可以发掘和发挥自己的潜能,更好地实现自己的社会价值和人生意义。

社区,具有社会控制与社会稳定的功能。社区在维护社会秩序、实现社会教化、解决社会问题、化解社会矛盾与社会冲突、控制各种非稳定因素等方面,具有自身特殊的地位和作用。社区的社会控制和稳定工作,是整个社会控制和稳定工作的基础,社区的这些工作搞好了,有利于维护和促进全社会秩序的稳定。

▶ 营造美好生活的社区社会工作

广义的社区工作是指在社区内开展的以提高社区福利、促进社区和社会协调发展的社会服务或社会管理的工作。社区工作的内容主要涉及两个方面,一是提供社区服务,二是促进社区居民自治。在这两个方面,社区社会工作者都发挥着积极的作用。基层社区社会工作者活跃在社区一线,贴近和服务群众,对基层情况和群众需求最了解,是党和政府的好帮手。一些社区已经建立起一支业务精湛、结构合理、素质优良的基层社区社会工作者队伍,以此提升社区的社会服务水平。

社会工作既是一门专业,也是一门以利他主义为指导、以科学知识为基础、运用科学方法开展的助人活动。社区社会工作,与个案工作、小组工作一起,被视为社会工作的三大工作方法。专业的社区工作是由专业社会工作机构及社会工作者,依据社区工作的理论、方法、技能及技巧而展开的服务活动。作为专业社会工作的重要组成部分和基本方法之一,社区社会工作主要以社区和社区居民为工作对象或服务对象,通过专业社会工作者的介入,旨在确定社区的问题与需求,发掘社区资源,动员和组织社区居民实现自助、互助和社区自治,化解社区矛盾和社区冲突,预防和解决社会问题,从而提高社区服务质量和福利水平,促进整个社会的进步。具体目标主要包括以下方面:促进居民参与解决自己的问题,改善生活品质;改进社区关系,改变权利分配;提升居民的社区参与意识;发挥居民的潜能;培养互相关怀及社区照顾的美德;增强居民对社区的归属感;善用社区资源,满足社区需要;等等。目前,由社区社会工作者提供的专业社区服务的社会效能,已经获得越来越多国家的政府、社会服务机构和社区居民的认同。

近年来,社区社会工作在我国的本土化实践得到了很大程度的发展,形成了一些中国特色社区工作模式,例如三社联动模式、社工嵌入模式、社区营造模式等。其中,由社区社会工作者推动的社区志愿服务为社区建设带来了一抹亮色。如今,各种类型的社区志愿活动在社区服务中大放异彩,如上海淞南十村开展的"爱储志愿星"志愿者银行项目。上海市宝山区的淞南十村是一个人口老龄化较为严重的小区,志愿者年龄也普遍偏大。为了激活社区志愿者团队活力,吸纳更多年轻人参与到社区治理中来,2018年淞南十村居委会创办了"爱储志愿星"志愿者银行项目。这个项目规定,只要报名参与志愿服务,即可通过服务时长获得积分,累计的积分将记录在

"志愿者银行"积分卡内,志愿者可凭积分兑换相应奖品。许多社区居民对此项目表示支持,也有居民直接前往居委会报名。与此同时,淞南十村居委会不断创新社区的活动形式,整合各方资源,成立了多支团队,让居民在参与志愿服务的过程中,得到更加良好的体验和收获。再如,许多社区都成立了自己的志愿者队伍。宁夏吴忠市利通区金花园社区,2005年成立了志愿者服务队,从最初的7名成员发展到2020年的6万多名志愿者,越来越多的人参与到志愿服务中来。宁夏吴忠市利通区金花园社区积极引导少数民族居民主动参与社区建设,开展了如"最美家庭""民族团结月""我的社区我的家"等一系列丰富多彩的活动。

▶ 探索中国特色社区建设

社区,作为社会的基本单元,是社会物质文明、精神文明、政治文明和生态文明协调发展的重要载体。中国特色社区建设就是建设一个充满活力和创造力、自然舒适、生态优美、秩序井然、邻里关系友好、居民互相帮助的和谐社区。中国特色社区建设范围很广,包括社区组织、社区文明、社区自治、社区服务、社区环境、社区治安、社区文化和社区卫生等方面。我国探索中国特色社区建设主要涉及以下几个方面的内容。

发展社区公共事业：国家以社会公益为目的，由政府部门指导或委托社区组织举办的从事教育、科技、文化、就业、医疗、卫生等活动的社会服务。

建立完善社区制度：社区建立一系列基本规章和制度，包括城乡管理制度、劳动就业制度、工资协商制度、社会保障制度、社会福利制度等。

实现社区社会公平正义：对社区管理而言，"公平正义"是指处理社区事务、解决社区问题的方针政策要公开、透明，要符合社区绝大多数人利益要求，维护社区正义和公平，防止徇私舞弊；对社区工作而言，"公平正义"是指处理和解决社区具体问题的过程及结果公开，让社区中每个成员都处于同样的政治、经济生活的待遇中，任何人没有理由享有特权。

维护社区社会秩序与规范：社区社会秩序是指由国家法律和社区的规章制度以及社区习惯性规范所确定和维护的社区成员必须遵守的、有条理的社会共同生活状态，又称"社区公共秩序"。社区社会规范是指在社区生活，人与人或团体与团体之间的互动，是以一定标准建立起来的、彼此之间的关系。简单地说，社区社会规范是社

区成员必须遵守的、已经确立的思想、评价和行为标准。社区社会规范是社区内人际关系的规范,是社区社会秩序井然运行的前提,社区的文明与进步也就体现在社区社会秩序与规范上。

提高社区社会管理水平:加强社区管理,提高管理水平,维护社区秩序,是构建社会主义和谐社区的必然要求。在党的领导下,社区应整合各方面社会管理资源,不断探索社区社会管理工作的新内容、新方式、新手段,提高社区社会管理和公共服务水平,创建社区社会安定、团结、和谐、有序的良好局面。

无处不在的社会学研究

> 读书,始读,未知有疑;其次,则渐渐有疑;中则节节是疑。过了这一番,疑渐渐释,以至融会贯通,都无所疑,方始是学。
>
> ——朱熹

社会学,是一门研究社会问题的学问。留守儿童问题、农民工问题、校园霸凌问题、家庭婚姻问题、物质依赖问题、就业问题、贫困问题、养老问题以及临终关怀问题等,都是社会学要研究的问题。可以说,哪里有问题,哪里就有社会学的身影。

▶ 我们的社会越来越老了吗?

如果到农村走一走,你也许会产生疑问,怎么村子里

都是老人呢？如果在城市中坐公交车，你会发现乘客当中怎么银发族越来越多了呢？是的，没错。近年来，针对老年人的社会学研究得到越来越多的重视，这是因为我们不得不面对人口结构老龄化的社会事实，不得不承认我们的社会在变得越来越老。人口老龄化是指人口生育率降低和人均寿命延长导致的总人口中年轻人口减少，年长人口增加而引起的老年人口比例相应增大的动态，这正在成为一个世界性问题。

人的老化包括生理老化、心理老化与社会老化三个方面。生理老化是指人体结构或生理上的衰老；心理老化是老年人对环境变化的适应程度的降低，比如疑病倾向、健忘症等；社会老化是指个人因年龄老化而导致在社会上所扮演的角色的改变，退休就是社会老化的时间节点。埃里克森把人生最后一个阶段的人格发展特征概括为"自我整合对失望"，是获得完美感、避免失望感的阶段。如果人生前七个阶段积极的成分多于消极的成分，人们就会在老年期汇集成完美感，回顾一生会觉得这一辈子过得很有价值，生活得很有意义。如果消极成分多于积极成分，就会产生失望感或绝望感。衰老是自然规律，是不可避免的生命阶段。我们无力与时间抗衡，当衰老来临时，抗拒并不能改变什么，也许我们能做的就是顺应自然，快乐地享受变老的过程，这就是社会学中的"成功老化"。成功老化是指老年人快乐、满足、幸福地度过老年这一个时期，在生理、心理和社会方面都感到比较适应。做到这一点说来也很简单，老年人只要正视现实，有所取舍，把自己从不现实、不科学的标准和期望中解放出来，把精力集中到感兴趣的领域，就能更好地掌握自己的生活。总之，当老年将至时，老年人要以积极的心态进行自我整合，接受自我、承认现实，不失为一种超脱的智慧。

当今社会由于人口年龄结构的变化，老年人口在总人口中的绝对值和相对值上升，人口老龄化为人类社会带来了一系列的问题。比如养老问题，中国人的传统是把居家养老作为主要的养老模式，然而目前家庭养老的功能正在减弱，子女生活与工作的压力，特别是独生子女的压力，使得养老变成了许多家庭的难题。再如劳动力问题，人口老龄化就意味着青年劳动力的减少，导致青年劳动力出现紧缺的局面，长此以往势必会影响社会经济的发展。另外，社会负担加重的问题，老年人对医疗保健和生活服务的需求突显，社会保障与福利事业的发展滞后等。这些都是人口老龄化带来的负面影响。面对这些社会问题，联合国提出，将健康老龄化作为全球解决老龄问题的奋斗目标。健康老龄化是指个人在进入老年期

时,在躯体、心理、智力、社会、经济五个方面仍能保持良好状态。如果一个国家或社会的老年人中有较大的比例属于健康老龄化,那么老年人的作用能够充分发挥,老龄化的负面影响得到制约或缓解。

在老年学、老年社会工作等研究方向中,社会学家做出了许多研究并提出了一些相关的理论,其中之一是脱离理论。脱离理论是老年人研究中较早的一种理论,认为随着老年人口年龄的增长,个人与他人之间的人际交往频率会逐渐减少,性质也会发生某种变化,充当消极角色取向的程度增加,这一切不仅是正常的,而且是必要的。从总体上看,由于老年人参与社会活动减少,社会也须采取一定的撤退措施,将权限由老年一代转交给成年一代。这种"脱离"主要体现在两个方面:一是社会方面的脱离,即社会通过一定的退休制度,使老年人口退出原来从事的工作岗位,由成年人口接替,达到撤退的目的;二是个人的脱离,即个体在成年期形成的各种社会关系在进入老年期后,因社会工作的撤退而减弱。老年人自身接受脱离理论,甚至可以主动按照脱离理论来指导自己的行为规范,而不把它视为一种悲观理论。

活动理论,则是与脱离理论相反的观点。活动理论认为社会活动和社会生活的基础对各个年龄组的个体来说都大致相同,社会和个人的关系在中年期和老年期并没有截然不同。老年期同样有着活动的愿望,只是活动速度和节奏放慢了而已。个体在社会中的角色并不因年龄的增长而减少,一个人只要在生理和心理上有足够的能力,便可以扮演其角色,履行其义务。

连续理论,则是当今比较受欢迎的老年学理论之一。连续理论从发展心理学的立场出发,认为包括老化在内的生命周期各个阶段都有着一定的连续性,不能截然断开。一个人在特定的环境条件下生存和发展,形成一定的习惯、爱好、性格,尽管在一生中会因环境和事件的影响而有所改变,做出某种适应,但是未成年和成年时期形成的个人性格、爱好等一整套生活方式和交往方式,则具有连续性,并支配着老年人的生活和活动。因此,连续理论承认老年人个体之间的差异性,而不像脱离理论与活动理论,只是侧重一个方面。

▶ **绿水青山枉自多?**

也许你开始在意自己生活小区的垃圾桶的处理情况,也许当你看见学校的餐桌上提醒你"光盘行动"时有一丝触动。这些"在意"和"触动",就是你的心灵与你生活的环境之间开始发生了微妙互动。"绿水青山就是金

山银山",是习近平总书记于 2005 年 8 月在浙江湖州安吉考察时提出的科学论断,体现了可持续发展的必要性。2017 年 10 月 18 日,习近平总书记在十九大报告中指出,坚持人与自然和谐共生,必须树立和践行"绿水青山就是金山银山"的理念,坚持节约资源和保护环境的基本国策,实质上就是促进人类与环境的和谐共生,揭示了经济与生态在演进过程中的相互关系,充分体现了马克思主义关于人类发展的辩证观点。

社会学家很早就对生态环境的研究给予了高度的重视,由此衍生了社会生态学、环境社会学等研究方向。迪尔凯姆为了研究人口与环境对社会结构的影响,早在 1893 年就开创了"社会形态学"的研究,然而直到第一次世界大战之后人们才逐渐意识到生态环境的重要性。随着工业化与城市化的迅猛发展,环境问题逐渐成为备受关注的社会问题,人类开始意识到自身生存所面临的威胁。于是,人们的环境意识普遍觉醒,并由此引发了一系列环保运动,各个国家和地区相继出台有关环境保护的法律法规,与环境相关的国际会议也日益增多。围绕着环境问题,整个世界都发生了深刻的变化。以研究当代社会环境问题导致的种种社会问题为主的社会生态学与环境社会学就是在这种背景下应运而生的。罗伯特·帕克最先把生态学的观点引入社会学，20世纪60年代，其研究方向由注重自然生态转变为注重社会生态，以城市生态学作为研究的重点，逐渐发展成独立学科。1978年，美国环境社会学家邓拉普与卡顿的论文《环境社会学：一个新的范式》公开发表，提出了"新生态范式"的概念，成为环境社会学正式形成的标志。

社会生态学与环境社会学研究的问题并不完全相同，社会生态学关注社会文化现象的空间分布，如对自杀等社会现象在地域上分布情况的研究，其与人口学更相关，更注重对社会生态系统的研究，大多采用定量分析的研究方法。而环境社会学更注重环境对社会组织与社会行为的影响，比如研究自然灾害对受灾群体的影响等，比较少关注文化价值的范畴。还有一些社会学家从多元的角度对环境问题进行了探讨，把社会变迁、社会行为、社会阶层、社会人口以及社会心理等与环境问题联系起来进行研究。这些都旨在用不同的社会学知识和理论来解读人类社会与环境之间的相互关系，是对环境社会学相关理论建设的有益尝试。

一部经典的科幻灾难电影《后天》在2004年上映，受到全球的关注。影片讲述了地球人遭遇了一场由全球变暖引发的气候异常，冰层和白雪覆盖了整个地球表面，地

球即将陷入第二次冰河纪的故事。这部电影所呈现的不仅是一场灾难,更是给人类敲响的警钟。其实,早在19世纪社会学的奠基阶段,马克思就准确地使用了"新陈代谢"一词来形容人类社会与自然界之间的关系,把保障生态系统的持续发展和利用看作人类社会进步的必然要求。

可见,关于环境与社会二者关系的现状与未来,一直是社会学家关心的重要问题。社会学在履行着学科责任与学术担当的同时,不断地提醒着人们,人类得以繁衍生息下去的必要条件之一就是与生态环境的和谐共处。

▶ 你的健康谁买单?

无论社会如何发展变化,健康一直是人类永恒的追求,特别是近些年发生的非典、新冠肺炎等突发公共卫生事件,既威胁着人类的健康,也考验着社会系统的运行机制。就个人而言,疾病改变着个人的生命历程,是对个人健康管理能力的考验;就社会而言,公共卫生事件引发的社会变迁,是对社会风险管理机制的挑战。如何构建一个大健康的社会,成为每个社会成员越来越关心的议题。

在我国新疆楼兰遗址的附近,生活着一支古老的族群——罗布人。他们"不种五谷,不牧牲畜",主要以鱼为食,在粗犷静默的环境中,吃着简单的食物,穿着朴素的罗布麻衣,进行着原始的生产劳动。在罗布人中,百岁老人并不罕见,他们大多耳聪目明,甚至可以同年轻人一样唱歌、跳舞、打鱼,一些住在城市中的人们易患的常见病、老年病,在那里几乎是不存在的。没有污染的生活环境、简单的饮食结构与悠然朴素的心境,也许是罗布人长寿的秘诀。

健康长寿的罗布人成为繁华城市人生活图景的鲜明对照。随着现代社会的发展和医疗技术的进步,人类的平均寿命显著提高。但是,由于工业化、人口结构老龄化、生态环境恶化、生活方式变化等社会问题的出现,引发了一系列新的人类健康问题,如何维持和促进个体健康已成为当今人类社会越来越重要的议题。

就医疗卫生服务来说,资源配置不均衡的问题是影响国民身体健康的重要因素,基层医疗卫生服务有待普及,医疗水平有待提升,加之看病难、看病贵的问题依然突出,个体健康的需求与服务供给不足的矛盾依然存在。

就现代生活方式来说,生活压力大、睡眠不规律、饮食不健康等问题越来越显著,这些都与个人的生活习惯

密切相关。随着科技的发展，人们对手机等电子产品的依赖程度越来越深，亲近大自然的时间越来越少，这些生活方式的转变，都可能成为制约个体健康的因素。

就现代社会结构来说，经济发展带来了不利于个体健康的诸多因素，如食品安全、药品安全等问题开始凸显，空气质量下降、饮用水污染等生态环境问题频现。针对这些复杂的、危害健康的因素，我们亟须构建相关的配套机制，比如食品安全监督机制、生态保护机制、公共卫生事件管理机制等。这方面的进展正在成为社会学领域的"热搜话题"。

人类健康的内涵，也是随着时代进步而在不断发展的。它经历着从传统的关注身体健康的医学模式，到关注心理健康，再到关注社会适应良好和有道德的发展过程。

健康的生物医学模式的内涵是基于人类最基本的生存需求而建立起来的，人们普遍认为身体疾病的治愈就意味着重获健康，这种"疾病"与"健康"的对立关系使得人类对健康概念的理解局限于"身体健康"领域。身体健康，主要指脏器没有疾病、身体形态发育良好，人体各系统具有良好的生理功能，有较强的身体活动能力和劳动能力。可见，身体健康是人类健康的最基本需求。

工业革命以来，各类社会问题层出不穷，使人类逐渐意识到心理因素对健康的重要影响。于是"心理健康"成为评估个体健康的重要指标之一。心理健康是指心理的各个方面及活动过程处于一种良好或正常的状态，表现为个体能够适应变化的环境，具有完善的个性特征。随着健康需求的不断提升，人们从单纯地关注身体健康转变为兼顾身心健康。经济的提升、工业化与城镇化的发展、竞争压力的增大等问题都是造成现代社会人类心理问题的重要因素。抑郁症、焦虑症等疾病开始增多，群体性怨恨、浮躁功利、极端偏执等不良心态时有显现。对心理问题的治疗变得越来越重要，由此便产生了社会学中重要的研究方向，如社会心理学、社会工作等。这些研究方向实现了心理学与社会学的跨学科融合，在社会学的视阈下，关注个体与全社会的心理健康问题，在帮助个体走出困境的同时，也在为实现全社会的健康献计献策。

伴随着信息技术带来的社会变化，人们开始意识到西方的心理治疗存在着对个体痛苦认识不足，仅仅停留在理性层面上的问题。随着现代社会的发展，人类的健康需求正在发生变化，过去人们常常把没有疾病作为评判健康的标准，而现代社会的健康观已不再局限于对身

体表征的判断,而是纳入了心理健康、灵性健康等多维内容。人们逐渐认识到除了身体健康之外,心理与灵性健康也正在成为衡量个体全面健康的重要标准。

个体全面健康的健康观,非常贴近我国传统文化的智慧。这种智慧强调内在的心性,可以表现为外化的行为。例如,孟子说:"尽其心者,知其性也。知其性,则知天矣。"王阳明说:"人人自有定盘针,万化根源总在心。"中国传统文化清晰地认为身体与心灵之间具有整体性和统一性。这种智慧还强调人与自然界的浑然一体,重视人与外在环境之间的密切关系。中医理论著作《黄帝内经》中记载,"天地合气,六节分而万物化生矣""人以天地之气生,四时之法成"等,均渗透出我国古代医学的"与自然和谐"的健康观。可见,我国传统文化一贯重视身、心、灵的整体性,人与环境的统一性,修心与修身兼顾,由内而外、内外兼修,它们是我们当今建设健康社会所应传承的关于健康管理的智慧。

灵性健康的概念,学界尚无统一的界定,综合来看,我们可以这样理解:灵性,是一种内在力量,是人类社会生活的核心,是心理活动必不可少的基础;灵性健康,是个体通过持有正向的价值观,对自我内在进行感知、反省与调控,进而达到与自我、社会和自然和谐的状态。2021

年起我国进入新发展阶段,国民的价值观呈现多元化发展趋势,难免会出现道德感下降、行为失范等不良社会现象,对国民精神生活的关注就显得尤为重要。因此,灵性健康作为人类精神生活的引导力量亟须被给予更多的重视,把灵性健康纳入健康范畴,既符合人类日益增长的健康需求,也契合建设健康中国在国民精神层面的要求。由此,灵性社会学、灵性社会工作等新兴领域受到了更多的重视,在临终关怀、精神健康、儿童成长等实践中更是发挥着越来越重要的作用。

以古鉴今,也许可以形成现代社会的大健康目标,即个体层面的"健康全人化"与社会层面的"社会健康化"。如何满足人们日益丰富的健康需求、营造健康卫生的公共环境、提供全民健康的社会保障、促进健康全人化与社会健康化的实现等,日益成为社会学研究的重要议题。

▶ 有一种色彩叫"网红"

当然,网红不是一种色彩,而是"网络红人"的简称。在现实或者网络生活中因为某个事件或者某个行为而被网民关注从而走红的人,被称为"网络红人"。网络红人的产生不是自发的,而是在网络媒介环境下,网络红人、网络推手、传统媒体以及受众心理需求等利益共同体综

合作用下的结果。网络红人的产生与许多因素有关。在网络作用下,网络红人自身的某种特质被放大,这种特质与网民的审美、审丑、娱乐、刺激、偷窥、臆想、品位以及看客等心理相契合,因此受到网络世界的有意或无意地追捧。网络红人是伴随网络社会崛起的一种客观的社会现象。

信息技术的飞速发展正把我们带入一个神奇的网络世界。网络在社会各行业的渗透,使互联网逐渐成为一个拥有丰富资源的开放式的共享系统。我们可以通过网络了解到超视距的世界,可以把书本缩小到手机屏幕之中,通过电子书、公众号进行阅读,甚至可以通过发布一条微博进而推动政策的执行……这些都是网络和信息技术为人类社会带来的"巨变",改变了我们的生活方式,影响着我们的行为。

随着网络社会的发展,一个新兴的社会学分支学科即网络社会学已经兴起。它是运用社会学理论与研究方法对网络社会结构进行研究,探究网络社会与现实社会之间相互作用的学科。美国社会学家曼纽尔·卡斯特尔的《信息时代:经济、社会和文化》是网络社会学的经典著作,他提出了流动空间、网络化、信息城市等概念,认为资本与信息技术的结合进一步克服了时空的限制,产生了全球性的新秩序。在承认网络社会进步性的同时,卡斯特尔也表达了对新秩序的担忧,即网络社会中蕴藏着新的不平等:就国家来说,在金融贸易全球化的进程中,网络社会决定了某些国家的优势地位,影响了产业结构的全球布局;就个人来说,网络社会是对大多数人的排斥,那些网络没有覆盖的地区,不会使用网络的人们逐渐偏离了社会的主流文化,在一定程度上出现了新的不平等。

网络社会学的形成源于信息时代的社会变迁。社会变迁是指任何社会现象的变更,是社会发展、进步、停滞、倒退等一切现象和过程的总和,既包含社会的进步和退步,又包括社会的整合和解体。传统的社会变迁理论主要有四种:一是进化论,强调社会如有机体一样渐进式演进,遵循单线式的发展轨迹;二是循环论,强调社会要经历承启转折循环式的发展,进步与衰退都属于社会变迁的必经过程,且这样的循环可以多次重复;三是功能论,强调引发社会变迁的内、外因素的互动作用,以及社会各系统之间的平衡性;四是冲突论,强调社会变迁的普遍性,认为变迁的根源是内在冲突。随着现代社会的发展,现代社会学家普遍认同了社会变迁的复杂性与多元性,"变迁"以形态各异的形式存在,越来越成为现代社会的常态。

哥伦布的地理大发现、麦哲伦的环球航行、丝绸之路的贸易古道，都是人类为超越时空限制而做出的努力。自古以来，对时间与空间的跨越一直是人类发展进程中孜孜不倦的追求。由信息技术的飞速发展带来的社会变迁对人类社会的影响前所未有，人们之间跨越了时空的距离，却可能产生了心灵的距离；生活由此带来了许多方便，同时也出现了网络犯罪、信息知识产权未被充分保护等社会问题。网络社会的崛起，对人们的观念、行为等方面产生了越来越深刻的影响，网络空间已经成为人们生存与发展的新场域，因此，越来越多的学者开始从社会学的角度研究网络空间、网络秩序等问题，网络社会学就是在这样的背景下兴起的。

网络空间也是一种社会空间，网络社会问题也是社会学关注的重要问题，网络社会学的兴起是社会学视野的一种拓展，是社会学想象力的一次实践，更是社会学家对于促进网络社会健康发展所应承担的时代责任。

社会学的趣味与职业选择

> 如果我们选择了最能为人类福利而劳动的职业,那么重担就不能把我们压倒,因为这是为大家而献身;那时我们所感到的就不是可怜的、有限的、自私的乐趣,我们的幸福将属于千百万人,我们的事业将默默地但是永恒发挥作用地存在下去,而面对我们的骨灰,高尚的人们将洒下热泪。
>
> ——卡尔·马克思

或许你选择了社会学作为自己的研究方向,或许你选择的职业与社会学有某种关联,或许你还是一个社会学的门外汉并急切地想撩起她的面纱……作为你和社会学的中间人,还是让我来告诉你,将社会学作为一种职业是否可行。

什么是社会学？

▶ 社会学是一门严肃的学科吗？

社会学是不是一门严肃的学科？社会学是否需要发展成为一门自然科学意义上的关于社会的科学？这些问题自社会学创立至今一直存在着争议，也一直困扰着社会学家。想要找到答案并非易事，我们不妨从社会学诞生之初慢慢道来，也许可以解开些许疑惑。

早在1838年，孔德在《实证哲学教程》第四卷中，正式提出"社会学"这一名称，并初步提出了社会学研究的理论目标和研究内容。孔德是实证主义的倡导者，他是运用"实证主义的铁犁头开垦出了社会学这块园地的"。他提出人类社会是具有统一性的，要用科学来指导生活，自然科学中的科学性同样存在于社会科学之中。他认为人类社会发展到充满实证精神的实证阶段，将是人类智慧发展的最高阶段。可以说，孔德对现代科学精神的推崇、对社会学科学性的界定，在促进实证主义社会学的蓬勃发展方面起到了奠基性和指引性作用，至今对我们仍具有重要的借鉴意义。

孔德认为社会学是一门科学，一门可以同物理学、生物学等自然科学并肩的科学，甚至将其视作"科学的皇后",曾经赋予它"社会物理学"的别称。可见,社会学创立之初是追求着科学性的,这种科学性是等同于自然科学的科学性与精确性的,也就是说,社会学可以对人类社会做出如自然科学中因果关系般的解释,可以对人类社会进行如自然科学中规律性的预测。持这种观点的社会学家把社会学定位为同自然科学一样客观、价值中立的科学活动,社会学的一切理论、命题和概念可以经受事实的检验,学科目标是促使社会学日益发展为接近于自然科学的精确科学。正是持有这种学科认识,社会学追求通过对经验事实的普遍性解释,最终可以掌握社会现象的一般规律。这是社会学建立之初就遵循的学科定位。当然,因为社会学面对的是复杂的社会现象、是具有主观能动性的人,所以追求如自然科学般的精确性有时不免力不从心、不太现实。作为一门严肃的学科,社会学建立起自己的理论知识体系,立足于研究的"科学性"是一切的前提,这也是早期社会学家赋予社会学的使命。

在追求科学性的基础上,社会学是不是还应该有其不同于自然科学、适用于复杂社会的价值追求呢?作为现代社会学的奠基人之一马克斯·韦伯扛起了社会学中倾向人文主义的大旗。在多数社会学家遵循孔德传统的

实证主义研究精神时，韦伯则认为人类的社会行为过于复杂，不可能用纯粹自然科学的方式加以研究，所以必须认清社会科学与自然科学在本质上的差异。在西方人文主义社会思潮的深刻影响下，以韦伯等为代表的人文主义社会学开始兴起，挖掘富有创造性和启发意义的思想，刺激人们不断地反思和探索成了社会学的主要研究方向。人文主义社会学主要研究人的心理和主观世界相联系的现象，认为如果想要了解社会，就必须先了解组成社会的个人，要从日常的事物出发，研究人对社会现象做出的解释以及赋予它的意义。人文主义社会学没有像实证主义社会学一样强调社会现象的因果关系及规律性，而是立足于人，探讨人对社会或社会行动的解释。从某种程度上来说，人文主义社会学是对实证主义社会学的一种补充，是在追求社会发展的"科学性"之外，对人类社会的深入理解，即追求社会现象的"人文性"。

实证主义社会学与人文主义社会学都有其存在的合理性，它们是社会学的两种研究视角，更是社会学学科性质的两大基石：科学性与人文性。对于社会学这样一门严肃而复杂的学科来说，缺失哪一种视角都是不完整的，是不能孤立地进行社会分析的。所以，我们在探讨社会现象或社会行动时，需要跨越传统的二元对立的思维方式,跨越实证主义与人文主义的对立,从整体的、多元的角度去认识社会、认识社会学。

▶ 社会学会告诉我们什么?

关于社会学能够告诉我们什么,前面部分已经有所论述,这里再总结一下,给各位更清晰的认知。

首先,学习社会学,能够掌握与这个学科相关的基本概念,增进个体的智力与想象力。每一门学科,都是由一些基本概念构成的,社会学也不例外。基本概念对于一门学科,就如人体的细胞对于人的生长一样。随着细胞的分裂,生命在不断成长,哪一天它不再分裂了,生命就走向了终点,即死亡;一个学科如果不再出现具有创新意义的概念,那就意味着这个学科可能进入了衰退期或者可能濒临消亡。但是,一个学科的概念并不是随意出现并被随意留存下来的,不是谁想提出什么概念就可以成为某一学科的基本概念的。概念能否长久地留存于学科发展史中也不是靠权力、资本等来运作的。概念是人类思维之网上的纽结,是人类智力不断进步的结果。社会学的基本概念有很多,例如,社会秩序、社会结构、结构洞、社会变迁、社会化、社会角色、社会分层等。每一个具有特定影响力的社会学分支都有其独特的概念,例如孔

德社会学有社会静力学、社会动力学、实证主义社会学等,迪尔凯姆社会学则有社会关联、集体意识、劳动分工、社会失范等,滕尼斯社会学则有公社与社会等。这些概念都增进了大众对社会的理解力和想象力。

其次,学习社会学,能够掌握这个学科的研究对象、研究问题域,培养提炼问题的意识。 每一门学科,都有自己特定的研究对象。如果没有特定的研究对象,那么这门学科就失去了自己存在的独特价值,就像农民没有自己的一亩三分地就很难安身立命一样。社会学的发展历史告诉我们,从社会学这个概念被提出来,到它的研究对象越来越清晰化,再到逐渐走向成熟,主要原因就在于它有着比较清晰的研究对象和研究问题域。

按照孔德的理解,社会学的出现是人类智力进步的结果。一门学科是否出现或成为科学研究的对象,在于这门学科的普及性及复杂程度。社会学是研究社会、探索社会发展规律的学科,而社会是复杂的。依据实证主义原则,只有其他各门学科依次进入了科学研究领域,为研究社会做好了实证主义的准备,社会学才会出现。社会学这门兴起的综合性学科,跨越了经济学、政治学、人类学、历史学、心理学等学科的界限,逐步建立起专注于人类社会的严肃科学。社会学家针对社会学的研究对象给出了多种观点,展示了社会研究的丰富内涵,包括社会事实、社会结构、社会组织、社会关系、社会文化、社会行动等。传统的社会学的研究方向包括社会分层、社会阶级、社会流动、社会现代化等。

随着研究的不断深入和完善,社会学研究的分工和专业化程度也日趋严密,诞生了更多更细致的分支领域,例如研究患者、医务人员和医疗保健机构的医学社会学;以身体为切入点,从身体结构与行动理解身体的表征与符号意义,关注"具体人"的身体社会学;研究社会、经济、文化对人类衰老的影响及老年群体与社会之间相互关系的老年社会学;研究军队系统的社会组织、社会关系以及军队与其他社会系统相互关系的军事社会学;研究人类及其个体的灵性能力及功能的灵性社会学;还有随着互联网的飞速发展而兴起的网络社会学等。这些社会学分支领域的兴起与发展,正是当代社会学蓬勃发展的具体表现,它们使社会学这门学科对于人类社会的重要作用被越来越多的人了解与重视。

总之,早期社会学家停留在对社会学研究对象的宏观描述上,如社会学可能易于被理解为是关于社会的学问,它涉及社会规律、社会进化等概念。随着社会学研究的逐步深入,社会学研究对象被确定为对社会事实、社会

行动、社会分层、社会结构等的研究,涉及劳动分工现象、宗教行为等。当社会学和其他学科研究相关联时,又产生了诸如政治社会学、经济社会学、体育社会学等。社会学研究问题的视野也比较开阔。有人生活的地方,就有可能存在着问题,如贫富差距问题、就业问题、劳动分工问题、健康问题、医疗问题、教育问题等,而只要存在着问题就会有社会学研究的介入。目前,我国的社会学研究正处于蓬勃发展的时期,越来越多的国内高等院校设立了社会学及其相关专业与课程。社会学这门学科坚持以马克思主义为指导,培养学生具有坚定正确的政治方向,了解、拥护党和国家的方针政策,具有人文素养、科学精神、社会责任意识和创新创业意识,具备社会主义核心价值观,能够熟练掌握社会学专业的基本知识、基础理论和基本方法,具备国际视野和国情意识,具备联系中国社会实际,分析和解决社会问题的能力。

再次,学习社会学,能够掌握分析社会问题的一些基本方法。社会学是一门具有多种研究方法的学科,它的研究方法主要有两大类:定性研究与定量研究,二者共同发展出一套有关人类社会结构及活动的知识体系,并运用这些知识去改善人类社会。社会学研究方法论的真正确立始于实证主义精神的引入,它使社会学独立为一门学科，同时也为其研究手段提供了科学的方法论。孔德提出观察法是社会学研究的主要方法，其次是实验法、比较法。迪尔凯姆发展了孔德的实证主义，主张把社会事实作为事物来看待，对信仰体系、社会习俗等社会现象可以采用自然科学的方法加以分析。

随着对人与社会认识的深入，反实证主义的方法论开始出现，对应用自然科学的方法分析人类社会的观点加以批判。德国社会学家狄尔泰认为人的行为是无规律的，是无法预测的，只能用人文学科的主观方法对具体的人和事件进行解释。20世纪的现象学社会学派主张通过对社会环境和个人境遇的实地考察，来解释人们行为的逻辑与意义。韦伯等人认为社会现象与自然现象有本质的不同，社会现象含有社会成员对自己和他人行为的主观理解，所以社会学研究必须首先研究"行动者的'主观意义'"。社会学的目的是对社会行为进行理解性解释，进而说明人行为的原因、过程和结果。21世纪的历史社会学派主张在社会研究中发挥历史和哲学的想象力，运用思辨、比较等方法，如米尔斯指出，任何社会科学都要以历史事实和历史构想的存在为前提。

总的来说，社会学在研究方法上历来存在着两种传统：一是人文学科的研究范式，包括人类学、历史学、伦理

学、文学等学科的方法,注重直观和切身体验,强调对人和社会的主观理解或阐释。二是自然学科的研究范式,孔德的实证主义社会学把社会研究引入现代科学阶段。实证主义社会学研究方法包括文献法、问卷调查法、访谈法、实地调查法、参与观察法等,强调客观的、精确的因果分析,以及在统计调查和实验法中的数量化分析。二者相辅相成,不断改进与完善,使人们对社会现象有了更深入、更科学的认识与理解。

最后,学习社会学,还能够逐渐习得或拥有一份社会学的情怀。社会学能够成为一门兼顾科学性与人文性的学科,并在全球范围得到重视,在于其价值和理论方法体系满足了现代国家与社会的需要。社会学想要告诉我们一个多层次的、立体而生动的有机社会:宏观层面包括社会结构是怎样的,社会政策是如何制定的,社会变迁遵循着什么样的规律等;中观层面包括社会群体是如何行动的,社会问题是缘何产生的,社区治理有着怎样的模式等;微观层面包括个体是怎样在社会环境的影响下成长的,个体之间是如何互动的,个体要怎样面对生活中的困境等。

可以说,在以上所述的社会学情怀中,我们都有一个潜在于胸的默念,那就是增进人类福祉,协助人类满足其基本人性需求，尤其关注弱势群体、受压迫者及贫穷者的需求并增强其力量。我们今天学习社会学、发展社会学，一方面可以维护社会和谐，完善社会福利体系；另一方面也可以利用社会学的价值体系为塑造更加美好且宜居的环境提供社会服务。"为天地立心，为生民立命，为往圣继绝学，为万世开太平"彰显了我国传统思想的广阔胸怀，再看今日社会学潜在于胸的默念、使命，我们可以发现二者在本质上息息相通。可见，社会学也肩负着为传统文化"续命"的重大责任。

社会学致力于社会问题的研究和解决。贫穷、失业、歧视等不平等的现象都是社会学的关注重点，其追求社会公正，尤其要协助和代表弱势的、受压迫的个人和群体发声，更是义不容辞。社会学还关注每一个个体，以关怀与尊重的态度对待每个人，尊重个体差异和文化及种族的多样性。社会学强调人的尊严与价值，鼓励每个社会成员表达个体的需求，促进个体拥有改变的能力和寻求改变的机会。

总的来说，社会学触及社会之深、之广是诸多其他学科难以达到的，有人类的地方就有社会学存在的意义。社会学用科学的方法揭示出自己所研究的对象的特殊规律，把理论研究与应用研究、定性研究与定量研究、宏观

研究与微观研究结合起来,相互补充,发展出一套有关人类社会结构及活动的知识体系,并运用这些理论知识去寻求社会的进步,增进人类的福祉。

▶ 社会学的想象力如何?

一门学科,就是通向内在世界和外在世界的想象力。美国批判社会学家赖特·米尔斯的《社会学的想象力》是他一生学术的集大成之作,是社会学的经典书目之一。全书以批判美国社会学界的成果为探讨主题,批判了传统学科的抽象与僵化,强调"社会学想象力"的重大意义。米尔斯的核心观点是,对于社会生活中的个人困扰,人们不能仅仅把它当作困难解决,而是要按照公众问题和历史塑造问题来理解,要把个人困扰放在个人与社会、历史与现实等范围内去考量,才能得到本质上的认识,找到根本的解决之法。这种把个人生活与社会塑造紧密联系的思维方式就是社会学的想象力。只有拥有这种想象力,我们才能更了解社会、了解自己,更好地去改变社会、发展自己。

自从实证主义哲学家孔德提出社会学概念以来,涌现出多种理论流派,社会学家分别从不同的视阈去探索社会运行的秘密。虽然这些理论视角的研究方向不同,但是无疑都为发现人类社会的发展规律提供了宝贵的经验，它们让社会学的学科理论体系变得更立体、更丰富。以下简要介绍三种主要的理论视角。

★ 功能主义

孔德、斯宾塞、迪尔凯姆等早期社会学家开创并发展了功能主义视角，强调社会每一部分都对总体产生着影响，进而维持了社会的稳定。社会就像有机体一样，家庭、组织、政府等各个构成部分紧密结合在一起，彼此之间维持着平衡的状态，对社会整体的良性运行发挥着重要的作用。孔德把社会学分为社会静学与社会动学。社会静学是对社会体系的静态考察，用整体性的视角分析社会有机体中各个组织要素以及有机体均衡存在的条件。社会动学是对社会进步过程的动态分析，抽象地对社会进化规律做总体性的描述。斯宾塞是"社会达尔文主义"的拥护者，认为适者生存的原理适用于社会系统，把社会类比为生物有机体，将其看作一个自我管理的体系。迪尔凯姆提出了"社会事实"的概念，把社会事实看作社会学的主要研究对象，迪尔凯姆的研究核心是社会如何整合在一起的，认为社会是因为其成员享有共同的信仰或价值观而联结在一起的。功能主义的代表，都是

社会学界大师级的人物，他们所主张的功能主义理论自然也就成为社会学界中最具规模的理论，同时也是影响范围最广的一套理论。

★ 冲突论

冲突论，重点研究社会冲突的起因、形式、制约因素及影响，是作为功能主义理论的反思和对立面而提出的。冲突论把冲突看作社会变迁的主要动力，人们因为有限的资源、权力和声望而发生斗争，是冲突的具体体现。马克思主义理论把人类历史看成各阶级不可避免的相互冲突的观点，成为西方冲突理论的重要来源之一。在冲突论者看来，社会处在极易破坏的平衡之中。冲突论的主要代表有科瑟尔、达伦多夫等。功能主义强调的是社会的稳定和整合，冲突论更强调社会冲突对社会巩固和发展产生积极作用。冲突论兴起后在西方社会学界引起巨大反响，在政治社会学、组织社会学、种族关系、社会分层、集体行为、婚姻家庭等社会学的分支学科中出现了大量的研究成果，对当代社会学发展有着重大的影响。

★ 符号互动论

符号互动论，关注的是微观层面的研究，注重作为社会存在的个体,以及个体间的互动关系,主张从这种日常的互动中去研究人类群体生活。符号是指在一定程度上具有象征意义的事物,认为事物对个体社会行为的影响,往往不在于事物本身,而在于事物本身相对于个体的象征意义。这种象征意义源于个体与他人的互动,个体总是会通过自己的解释去运用和修改事物对他的意义。乔治·米德是互动论的奠基人,他认为个体的实际行动有着重要的社会意义,人类互动是基于有意义的符号之上的一种行动过程。作为米德的学生,布鲁默发展了米德的思想,对互动论的本质做了更好的概括。他把互动论解释为三个基本观点:一是个人依据对事物赋予的意义而对其采取行动;二是个人对事物赋予的意义源于社会互动;三是任何情况下,为了赋予某种情境以意义,并决定怎样采取行动,个人都会经历一个内在的阐释过程。可以说,互动论的研究对象是个人或小的群体,而不是大规模的社会结构,研究内容是日常生活中个人之间的交往方式,以及交往背后的实际意义,这种互动包括语言、文化、制度等。符号互动论者不把社会看成一种控制力量,而是强调个人一直处于创造和改变世界的过程之中。

当然,社会学中有深远意义的理论远远不止功能主义、冲突论和符号互动论,在此不再一一细数,它们往往

以独特的视角、流派以及研究范式等形式深刻影响着社会学理论与实践的进程。同时,它们都强有力地拓展了社会学想象力。

▶ 社会学的学科黏合度如何?

现在一些大学施行大部类招生管理。例如中国人民大学官方网站的院系设置中,在"院系"——"社会学部"栏目下,包括社会与人口学院、新闻学院、农业与农村发展学院、公共管理学院、信息资源管理学院和教育学院。社会学系也为全校开设了社会学概论、社会研究方法等公共选修课程。这都表明社会学和其他兄弟学科的相关性。

就理论研究的抽象层次来说,社会学是介于理论抽象层次最高的哲学与其他具体社会科学之间的一门学科。社会学又旁通一些具体的自然科学研究,例如物理学、化学、生物学、数学以及统计学等。早在社会学产生之初,孔德就将社会学称为"社会物理学";斯宾塞的社会学研究就和生物进化论有着紧密的联系;现今的社会学分析方法,尤其是定量分析法,就是使用一些统计软件来进行的。实际上,每一次科技的进步、自然科学理论的进步都会极大地促进社会学的发展。

一些具体的社会科学研究,也会大量引入社会学研究的方法或理论观点,并且很多学科都有社会学知识的融入。例如,和经济学相关的有经济社会学,和政治学相关的有政治社会学,和管理学相关的有管理社会学,甚至和体育相关的有体育社会学,与艺术相关的有艺术社会学等,可见只要是有人类生活或活动的领域,就有社会学研究。

社会学这种与其他学科之间的知识相关性,为社会学专业的学生理解当代社会科学的理论发展以及顺利进入其他学科学习,如继续深造相关学科的研究生课程等提供了较为完善的知识储备。在这一点上,当年社会学的鼻祖孔德将社会学视为社会科学王冠上的明珠,或许此言不虚。

▶ 社会学的趣味与就业如何?

也许你会好奇,学习社会学有什么用呢?它是否能够成就我未来的职业或一番事业呢?这个问题比较复杂。因为一个人的成就与很多因素相关,而专业学习只是其中一个因素。我们从社会学的趣味性、就业和创业的角度来寻觅一番,如何?

"人可以无知,但不可以无趣。"生命,灿如夏花,脆若芦苇。何不做一个有趣的人？有趣的人,才是懂得生活真谛的人,才是懂得享受生命的人。你如果想陶冶性情、平添趣味,那社会学就是一个比较好的选择。因为社会学让你对周边的人、周边的物、周边的环境产生兴趣。因为从你学习社会学开始,你就拥有了一双社会学式的、观察世界的眼睛。你可以用笔把它记录下来,用歌声、舞蹈把它唱出来、舞出来,也可以用摄像机把它拍出来。最后,你就会结合生命中的经验告诉社会学的后辈,生活中如果没有"社会学视角",那么生活就可能会变得"食之无味,弃之可惜",这大概就是社会学的趣味。

至于社会学毕业生的就业,以中国人民大学社会与人口学院为例,我们可以一窥。中国人民大学社会学包括两个本科专业,社会学和社会工作,两个专业都授予法学学位。作为当代社会科学的主导学科,也是最重要、最有影响力的学科之一,社会学专业的毕业生主要就业方向为党政机关和政策研究、教育科研、新闻出版等机构,优秀的本科毕业生可以保送攻读硕士研究生或赴国外继续深造。社会工作专业,则是快速成长的新兴专业,它致力于推动建立更完善的社会政策和社会服务体系,培养社会政策和社会服务方面的高级应用型人才。随着社会发展和人们生活质量的提高，社会工作的就业前景日益广阔。社会工作专业的毕业生参加工作后，能够胜任民政部门以及其他社会福利部门、相关社会团体和基层社区的管理工作，可以在教学科研单位从事与社会工作相关的教育和研究，也可以到企事业单位从事社会工作实务。

2020年中国人民大学社会与人口学院本科生毕业去向分布如图5所示。

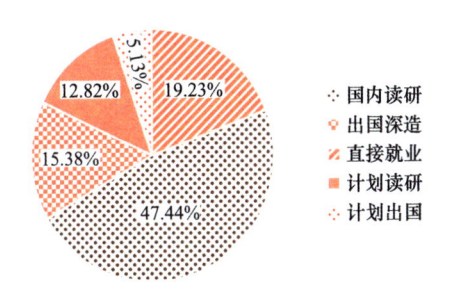

图5 2020年中国人民大学社会与人口学院本科生毕业去向分布

国内读研：每年保研率为20%，选择在国内读研的学生占47.44%，大部分就读于本校、清华、北大、复旦等国内顶尖名校。

出国深造：2020年有15.38%的学生选择出国留学，就读于加州大学、哥伦比亚大学、伦敦政治经济学院等世界一流大学。

直接就业：2020年有19.23%的学生选择直接就业，就业前景广阔，人才辈出。毕业生主要分布在政府机关、文化宣传单位、高校、国内大型企业、科研单位、外资企业等。大量精英校友遍布在国家智库、策划单位和企业管理层。毕业生的主要签约单位包括：中国社会科学院、中华人民共和国国家卫生和健康委员会、中国中央统一战线工作部、民政局、中华人民共和国国家发展和改革委员会、中华全国总工会、中国银行股份有限公司、中国人民财产保险股份有限公司、国家电网有限公司、人民日报社、中国国际航空股份有限公司、中国移动通信集团有限公司、深圳市腾讯计算机系统有限公司、万科企业股份有限公司、恒大地产集团有限公司、北京零点有数数据科技有限公司等。

另外，还有12.82%的学生计划读研，5.13%的学生计划出国深造。

中国人民大学社会与人口学院始终坚持走国际化学术道路，广泛参与和开展各种国际交流活动，与多所国外高校有密切的合作关系，并有联合培养计划。如图6所示。

图6 国际交流

除了正常就业之外，自主创业也是社会学专业、社会工作专业毕业生的就业方向之一。这是一个"大众创业、万众创新"的美好时代。社会学专业、社会工作专业的许多优秀毕业生，在自主创业方面起到了很好的示范作用。

概括来说，社会学可以带给人们广阔的视野与敏锐的洞察力，可以帮助捕捉到现实生活中人们的需求以及社会的需求，指引人们在当前的社会条件下，用符合当前社会的世界观、价值观，去改造社会；社会学也可以教给人们一些专业的技术，一个受过社会学训练的人，可以在

任何一种工作中施展观察社会的能力,并做出清晰合理的推理;社会学也可以教给人们日常生活中的社交技巧,在与他人的互动中、在组织内的竞争中、在解决自身遇到的困难时,都需要这些技巧帮助人们更理性地面对生活,并做出决策;社会学还可以带给人们更多向、更理性的理解力,在面对自己、他人与生活时,只有把这些放入社会、放入一定历史时期,才能更深入地理解这些经历,解释行为的意义。

简单来说,社会学可以给人社会学的想象力,那些在社会环境中认识群体、认识组织、认识生活、认识自己的过程就是发挥社会学想象力的过程,那些无畏困境、直面生活、果敢行动、理性决策的结果也许就是社会学赋予人们的力量。

参考文献

[1] 埃米尔·涂尔干.社会分工论[M].渠敬东,译.北京:生活·读书·新知三联书店,2017.

[2] 爱利克·埃里克森.童年与社会[M].高丹妮,李妮,译.北京:世界图书出版公司,2018.

[3] 保罗·威利斯.学做工:工人阶级子弟为何继承父业[M].秘舒,凌旻华,译.南京:译林出版社,2013.

[4] 陈劲松.灵性引导生活[M].北京:国家行政学院出版社,2013.

[5] 陈劲松.儒学社会通论[M].北京:中国人民大学出版社,2016.

[6] 恩格斯.家庭、私有制和国家的起源[M].北京:人民出版社,2019.

[7] 费孝通.乡土中国[M].北京:北京大学出版社,2012.

[8] 迪尔凯姆.社会学方法的准则[M].北京:商务印书馆,1995.

[9] 金观涛,刘青峰.兴盛与危机:论中国社会超稳定结构[M].北京:法律出版社,2011.

[10] 赖特·米尔斯.社会学的想象力[M].李康,译.北京:北京师范大学出版社,2017.

[11] 梁漱溟.中国文化要义[M].上海:上海人民出版社,2018.

[12] 曼瑟·奥尔森.集体行动的逻辑[M].陈郁,郭宇峰,李崇新,译.上海:上海人民出版社,2018.

[13] 蒙台梭利.有吸收力的心灵[M].吴学颖,译.杭州:浙江工商大学出版社,2018.

[14] 彭华民.人类行为与社会环境[M].北京:高等教育出版社,2016.

[15] 维吉尼亚·萨提亚.萨提亚家庭治疗模式[M].聂晶,译.北京:世界图书出版公司,2018.

[16] 翟学伟.中国人行动的逻辑[M].北京:生活·读书·新知三联书店,2017.

[17] 张海东.中国新社会阶层[M].北京:社会科学文献出版社,2017.

"走进大学"丛书拟出版书目

什么是机械? 邓宗全 中国工程院院士
哈尔滨工业大学机电工程学院教授(作序)
王德伦 大连理工大学机械工程学院教授
全国机械原理教学研究会理事长
什么是材料? 赵 杰 大连理工大学材料科学与工程学院教授
宝钢教育奖优秀教师奖获得者
什么是能源动力?
尹洪超 大连理工大学能源与动力学院教授
什么是电气? 王淑娟 哈尔滨工业大学电气工程及自动化学院院长、教授
国家级教学名师
聂秋月 哈尔滨工业大学电气工程及自动化学院副院长、教授
什么是电子信息?
殷福亮 大连理工大学控制科学与工程学院教授
入选教育部"跨世纪优秀人才支持计划"
什么是自动化? 王 伟 大连理工大学控制科学与工程学院教授
国家杰出青年科学基金获得者(主审)
王宏伟 大连理工大学控制科学与工程学院教授
王 东 大连理工大学控制科学与工程学院教授
夏 浩 大连理工大学控制科学与工程学院院长、教授
什么是计算机? 嵩 天 北京理工大学网络空间安全学院副院长、教授
北京市青年教学名师
什么是土木? 李宏男 大连理工大学土木工程学院教授
教育部"长江学者"特聘教授
国家杰出青年科学基金获得者
国家级有突出贡献的中青年科技专家

什么是水利？	张弛	大连理工大学建设工程学部部长、教授
		教育部"长江学者"特聘教授
		国家杰出青年科学基金获得者
什么是化学工程？		
	贺高红	大连理工大学化工学院教授
		教育部"长江学者"特聘教授
		国家杰出青年科学基金获得者
	李祥村	大连理工大学化工学院副教授
什么是地质？	殷长春	吉林大学地球探测科学与技术学院教授（作序）
	曾勇	中国矿业大学资源与地球科学学院教授
		首届国家级普通高校教学名师
	刘志新	中国矿业大学资源与地球科学学院副院长、教授
什么是矿业？	万志军	中国矿业大学矿业工程学院副院长、教授
		入选教育部"新世纪优秀人才支持计划"
什么是纺织？	伏广伟	中国纺织工程学会理事长（作序）
	郑来久	大连工业大学纺织与材料工程学院二级教授
		中国纺织学术带头人
什么是轻工？	石碧	中国工程院院士
		四川大学轻纺与食品学院教授（作序）
	平清伟	大连工业大学轻工与化学工程学院教授
什么是交通运输？		
	赵胜川	大连理工大学交通运输学院教授
		日本东京大学工学部 Fellow
什么是海洋工程？		
	柳淑学	大连理工大学水利工程学院研究员
		入选教育部"新世纪优秀人才支持计划"
	李金宣	大连理工大学水利工程学院副教授
什么是航空航天？		
	万志强	北京航空航天大学航空科学与工程学院副院长、教授
		北京市青年教学名师
	杨超	北京航空航天大学航空科学与工程学院教授
		入选教育部"新世纪优秀人才支持计划"
		北京市教学名师

什么是环境科学与工程？
　　　　　　　陈景文　大连理工大学环境学院教授
　　　　　　　　　　　教育部"长江学者"特聘教授
　　　　　　　　　　　国家杰出青年科学基金获得者

什么是生物医学工程？
　　　　　　　万遂人　东南大学生物科学与医学工程学院教授
　　　　　　　　　　　中国生物医学工程学会副理事长（作序）
　　　　　　　邱天爽　大连理工大学生物医学工程学院教授
　　　　　　　　　　　宝钢教育奖优秀教师奖获得者
　　　　　　　刘　蓉　大连理工大学生物医学工程学院副教授
　　　　　　　齐莉萍　大连理工大学生物医学工程学院副教授

什么是食品科学与工程？
　　　　　　　朱蓓薇　中国工程院院士
　　　　　　　　　　　大连工业大学食品学院教授

什么是建筑？　齐　康　中国科学院院士
　　　　　　　　　　　东南大学建筑研究所所长、教授（作序）
　　　　　　　唐　建　大连理工大学建筑与艺术学院院长、教授
　　　　　　　　　　　国家一级注册建筑师

什么是生物工程？
　　　　　　　贾凌云　大连理工大学生物工程学院院长、教授
　　　　　　　　　　　入选教育部"新世纪优秀人才支持计划"
　　　　　　　袁文杰　大连理工大学生物工程学院副院长、副教授

什么是农学？　陈温福　中国工程院院士
　　　　　　　　　　　沈阳农业大学农学院教授（作序）
　　　　　　　于海秋　沈阳农业大学农学院院长、教授
　　　　　　　周宇飞　沈阳农业大学农学院副教授
　　　　　　　徐正进　沈阳农业大学农学院教授

什么是医学？　任守双　哈尔滨医科大学马克思主义学院教授

什么是数学？　李海涛　山东师范大学数学与统计学院教授
　　　　　　　赵国栋　山东师范大学数学与统计学院副教授

什么是物理学？孙　平　山东师范大学物理与电子科学学院教授
　　　　　　　李　健　山东师范大学物理与电子科学学院教授

什么是化学?	陶胜洋	大连理工大学化工学院副院长、教授
	王玉超	大连理工大学化工学院副教授
	张利静	大连理工大学化工学院副教授
什么是力学?	郭　旭	大连理工大学工程力学系主任、教授
		教育部"长江学者"特聘教授
		国家杰出青年科学基金获得者
	杨迪雄	大连理工大学工程力学系教授
	郑勇刚	大连理工大学工程力学系副主任、教授
什么是心理学?	李　焰	清华大学学生心理发展指导中心主任、教授(主审)
	于　晶	辽宁师范大学教授
什么是哲学?	林德宏	南京大学哲学系教授
		南京大学人文社会科学荣誉资深教授
	刘　鹏	南京大学哲学系副主任、副教授
什么是经济学?	原毅军	大连理工大学经济管理学院教授
什么是社会学?	张建明	中国人民大学党委原常务副书记、教授(作序)
	陈劲松	中国人民大学社会与人口学院教授
	仲婧然	中国人民大学社会与人口学院博士研究生
	陈含章	中国人民大学社会与人口学院硕士研究生
		全国心理咨询师(三级)、全国人力资源师(三级)
什么是民族学?	南文渊	大连民族大学东北少数民族研究院教授
什么是教育学?	孙阳春	大连理工大学高等教育研究院教授
	林　杰	大连理工大学高等教育研究院副教授
什么是新闻传播学?		
	陈力丹	中国人民大学新闻学院荣誉一级教授
		中国社会科学院高级职称评定委员
	陈俊妮	中国民族大学新闻与传播学院副教授
什么是管理学?	齐丽云	大连理工大学经济管理学院副教授
	汪克夷	大连理工大学经济管理学院教授
什么是艺术学?	陈晓春	中国传媒大学艺术研究院教授